SOCIÉTÉ

DES

ANCIENS TEXTES FRANÇAIS

L'APOCALYPSE EN FRANÇAIS

REPRODUCTION PHOTOTYPIQUE

Le Puy, imprimerie R. Marchessou, boulevard Carnot, 23.

L'APOCALYPSE EN FRANÇAIS

AU XIIIE SIÈCLE

(BIBL. NAT. FR. 403)

PUBLIÉE PAR

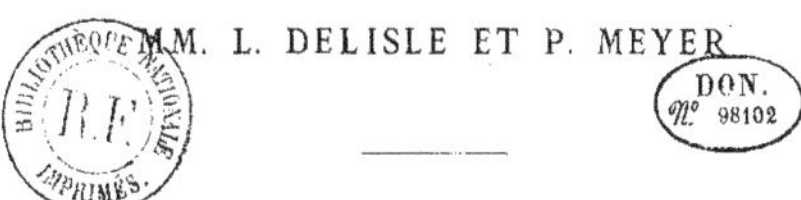

MM. L. DELISLE ET P. MEYER

REPRODUCTION PHOTOTYPIQUE

PARIS

LIBRAIRIE DE FIRMIN-DIDOT ET Cie

56, RUE JACOB, 56

—

M DCCCC

Publication proposée à la Société le 23 février 1899.

Approuvée par le Conseil dans sa séance du 20 juin 1899, sur le rapport d'une commission composée de MM. Bédier, Paris et Thomas.

Commissaire responsable :
M. G. Paris.

Apocalipsis in pictura facta karolo magno
Qui vixit ante annum Dni
816.
569
7013

su trist: fu en file que est apelee pa-
ce tesmoigne ihu crist. & fu en espi-
apies moi une grant uoiz ausi
dist escriuez en liure ceo ke nos

Ar seint Johan: sunt signi-
fie li bon prelat de seinte gli-
se qui unt la uoiz del euugle & entendent que la manace
del iugement quiest signefiee p la busine les seinunt qi
mettent en œuure ceo quil uoient en escripte & p esam-
ple en seignenr les autres de bien fere.

es Johan ure frere e par-
cener en tribulatium &
regne & pacience en ie-
thmos. por la parolle deu:
rite p un dimaine & ot
come de busine ki me
ueez. biose.

t enuaiez au set yglises de Asye. ceo est asauer. a Efesie ce Smirne ce Pargame ce Thia
tere. ce Sarde. ce philadelfe. ce Laodice.

Et ge me returnai pur ver la voiz qui parla a moi. E vi set chandelabres de or. E en mi les set candelabres un qui resemblot le fiz de la virge qui estoit vestu de aube deske a terre e ceint a mameles de une ceinture de or. Sun chief e ses chevieus furent blanc comme laine blanche e comme neif. E ses oilz comme flambe de feu. E ses piez resemblerent archal en fornece ardant. Sa voiz estoit autele comme troiz de multes eues. E il aveit en sa main destre set esteilles. E de sa bouche isi une espee trenchant de ambe dous parz. E sa face estoit autele come nul soleil quant il luit plus cler. Par les set candelabres que seint Johan vit est signefie seinte eglise que est en luminee de set graces del seint esperit. Ceo quil vit un qui resembleit le fiz de la virge signefie de la resurrectiun. Kar tot soit la char Jhu Crist meemes ceo que ele fu avant la resurrectiun. ele est ore dautre maniere car ele est glorefiee e p laube dont il estoit vestu deske a terre est signifie chalente de quer. P sun chief sunt signifie li bon prelat de seinte glise.

Par les chevieus la sagesce de religiun. Cil sunt blanc p seintete de nette bone vie come laine blanche. Kar il eschaufent les autres a bien fere p bone esample. E comme neif kar il esteignent les ardurs de vices e de pecchiez. p vertu e par penance. P ses oilz sunt signefie li sage clerc en seinte eglise qui les autres enluminent p doctrine e eschaufent p essample de bone vie. Par ses piez sunt signefiez les menues genz en s. yglise qui sunt en la forterece de leau la vertu. Et p ceo se mundent de pecche comme eue deslavee. Par les set esteilles sunt signefie li prelat qui deivent enluminer les laies ki sunt en tenebres de ignorance. Ceo quil sunt en la destre signefie quil deivent estre en oevres espirituels. Par sa bouche sunt signefie li bon precchur. Par les pee que trenche de deus parz est signefie la parolle deu que de une pur seurre le espirit de ses desirs. E de autre pur la char de ses delitz. P sa face sunt signifie cil qui le resemblent p grieve penance. cil luisent comme soleil. kar il donent lumiere de bone essample a touns. E a mauveis

Et comme ge oi ice veu, chei a ses
piez comme mort, e il mist sa destre sur
moi e me dist: Ne aez pour. Je sui le premi-
ers e le darrains, e vif. Je fu morz, e ore
vif a tuz jurs. Et ge ai la clef de mort e de
enfer. Escrivez donc ceo ke vos avez veu,
les choses ke sunt orendret. Et ceo ke convient
venir apres les set esteilles ke veu avez. A
ma destre sunt les set prelat de set yglises.
Et les set chandelabres sunt les set yglises.

Ceo ke seint Johan quant il or veu
la visiun chei as piez au seignur, signe-
fie ke li bon prelat qui a droite foi se encline
e entent au pople deu confesser e conseiller.
Ceo quil est ainsi comme morz, signefie ke il
guerpit la gloire del munde. Ceo que li sires
met sa destre sur lui, signefie ke nostre sire
done a toi plat force e vigur a suffrir persecu-
tion. Ceo quil dist quil a clefs de mort e de
enfer, signefie quil le fet si hardi quil ne crent
ne deable ne tyrant encuntre la volente deu.

Apres ceo commanda nostre signur a
seint Johan quil escrisit a leveske de
li glise de Ephesie. Ceo dist cil qui tient les
set esteilles en sa destre, e va en mi les set chan-
delabres de or. Je sai tes euvres e tes laburs, e
ta patience, e ke vos ne poez suffrir les mal-
vais. E cum vos avez asaie e retint de fau-
sine cels ki se funt apostles e ne sunt pas.
Et ge sai les abustrez ke vos avez suffert pur
moi. Mes une chose i a ke vos avez guer-
pi la charite que vos aviez au commence-
ment. Pur ceo vos membre il dunt vos
estes chaez e feres penance des euvres ke
vos feires avant ou ce ce nun. Ge vendrai
a toi tost e mouerai tun chandelabre de sun
liu. Si tu ne faces penance. Mes ceo avez vos
de bien ke vos avez hai les euvres as nicho-
laites ke je haz. Ki a oreilles a oir oie ceo
ke lespirit dist as iglises. A celui qui veint
donrai ge a manger del arbre de vie ke est en
paraïs mun deu.

Ceo ke nostre sire commanda quil escreit al
eveske del iglise pur les pecchiez au po-
ple, signefie que nostre sire demandera des plaz
les ames as suggez. Par ce quil les loe de lur
labur e de lur pacience, nus summunt il que
nus prengnum esample. Ceo quil les reprent
quil unt perdu lur charite quil avaient a-
vant, signefie ceo ke la postle dist seint pol.
Si ge aie tant de foi ke ge remue les muntaig-
nes de liu en autre. E liure mun cors a arder
sanz ceo ke ge ne aie charite, rien ne vaut. Ce
quil le manace de mouuer le candelabre, sil
ne facent penance signefie ke sil ne sa mender
illur tourna les graces quil unt. Ceo quil dit
quil a oreilles a oir, signefie ceo ke nostre seignur
dit en leuuangile. Ceo ke ge die a un, ge di a
tuz. Ceo quil lur promet de manger del arbre
de vie, signefie quil lur dora le fruit de la
croiz. ceo que Jhesu est en la gloire sun pere. Et
al yglise de Smirne escrivez. ceo dit cil qui
est li premiers e li derains commencement
e fin, ki fu morz e vif. Je sai ure tribulaciun
e ure pouerte. Mes riches estes, e li fause
titif vos tanponent, mes ne aez pour de ceo
ke tu es a sofrir, e li diable fera mettre aucuns
de vos en chartre pur vos asaer, e dis jurs
averez tribulaciun. Seez feel deske a la mort,
e je vos dorrai corone de vie. Ki a oreilles de
oir oie, ceo que lespirit dit as egliese, ki veu-
tra, il navera garde de la seconde mort.

Par le asaut de vices est signefie la saut
de avarice. E la temptaciun al deable
est signefie la saut de orguil, e la tribulaciun
temptaciun de la char. A celui qui par bien
suffrir pouerte vient avarice. Nostre sire
li promet richeces. a celui ki par humilite

uient orguil. Nostre sire li promet corone
de uie. E a celui qui p abstinence e patie
e uient tribulaciun. nre sire li promet
a cese en lautre vie e te ce met sei meime
en essaumple la ou il dit. Je sui uief e fui
mort.

Et al euesque del iglise de pgame escriuez
Ceo dit cil qui a lespee ague de amedous
parz. Je sai bien ke uos habitez ou poeir sa
thanas e tenez mun nun 7 purtant ne a
uez mie ma fei renee e en iceus iurs
mun tesmoing loial ki est ocis pres de uos
ou sathanas habite mes une chose ia. Jia
entre uos une genz ke tenent la doctrine ba
laam ki enseigna le roi Balaach a fere les fiz
israel pecher ke les uns corrumpent les au
tres p esample de fornicaciuns e de manger
des sacrefices as ydles. e tiennent la doctrine
as nicholaites. Pur ceo fetes penance ou si
ceo nun. Je uendrai tost e combatrai oue
ke les messefanz de lespee de ma bouche. ke
a oreilles a oir. oi que lespirit dit as yglises.
A celui qui uentra donrai le manne couert.
e li donrai une blanche dure pierre e en
sa pierre sera escrit nouueau num que nul
ne siet. fors cil que recerr. Jci sunt signefiez
treis maneres de pechez que regnent en plu
surs que unt la fei receue e la tiennent. Les
uns corrumpent les autres p malules conseil
doner. les autres par esample de luxure. Les
tierz p esample de gulosite. A ceus qui par
sobrece uenquent gulosite. promet nre sire
deu la doce manne del ciel. e ceo est le manne
couert. A ceus que p chastete refrainent lur
char. promet il fermete de char e clarte e ceo
est la blanche pierre clere. E a ceus ke par

de la langue e ceo li nuuau num escrit en la
pierre. Ceo quil dist quil uendra tost e se com
batera au messefanz del espee de sa bouche.
signefie ke en pou de hore s euere laime del cos
p mort tempruele. e ceo est le trenchant de les
pee de une pt. Et au grant iugement seuera
cors e alme de bonettre compaignie de ses es
litz e de sa gloire. e ce le trenchant del espee
de autre part.

Et al euesque del yglise de Thiatire escriuez
Ceo dit le fiutz deu ki a les oilz come flam
be de feu. e les piez que resemblerent orchal.
Je sai uoz couures e uostre foi e uire charite
e comme uos estes ale p amendement. Mes
une chose ia que uos suffrez une femme Jeza
bel ke dist que ele est pphetisse e enseigner
e forraere les miens en fornicacion e a
manger des sacrefices as ydoles. Foge li ai do
ne espace de repentir e ele ne uenst e p ceo
la metrai ge au lit. Et cil qui auerunt compaig
nie a li. Il serunt en grant tribulaciun se il ne
se repentent e ses fiutz ocirrai. e sauerront
totes les yglises ke ge cerche les reins e les
quers e rent guerredon solum estur deserte
e a uos autres di ge qui nestes mie de ceste
doctrine au deable qui ne prisez orguil ke
ge ne uos metrai sus autre charge si come
dient aucun. Mes la doctrine que uos auez
tenez la des ke a la mort. e cil qui uentra a
uem poeste sur mescreanz. Et a pres li donrai
le esteille iurnale.

Dan jezabel. sunt signefie li maistre he
rite ki uiuent solum la uiolence de la
char. e ensement enseignent encuntre le
euangile. Ceus ne deiuent pas crestiens
suffrir entre eus. Puis quil sunt endurs
enlur folie si come dit li apstre. ceo ke nre
sire dit metre au lit signefie ke cil le pechere

gist longement en sun pechie & ne se
veut amender. sil le test a sa uolente &
li done ces temporeus choses. Ceo qil
dist quil cerche les Reins & les quers
signefie quil prendra ueniance de la
male uie que est signefie par le reins
Et de mestrantise ke est signefiee par
les quers. Et aus bons qui unt poste
sur lur menbres & les dantent. promet
il poer de autres gouerner. Et a ceus
qui autres enluminent par bone doc
trine. il lur promet la clarte de la re
surrediun ihucrist & ce est lesteille iur
nale.

Et Al eueske del yglise de Sarde.
escriuez. Ceo dit cil qui a les .vij.
espiriz deu. & les .vij. esteilles. Ie sai
bien uoz eoures. kar len dist que uos
uiuez. & uos estes morz. Pur ceo ueilez
& conferme ceus qui uunt mourant.
Ie ne truis mie uoz eoures pleines de
uant deu & pur ceo membre uos
comment uos apris. & le gardez &
faites penance. Et si uos ne ueillez
Ie uendrai a uos comment li lieres
quant uos ne sauerez mot. Mes un
poi la en uostre yglise qui nunt mie
soullie lur uestement & cil ir vont oue
moi en aubes. kar il sunt digne. Ki
uentra. Si sera il uestu de blanc ues
tement & ge ne osterai pas sun nun
del liure de uie. Et ge le loerai deuant
mun pere & ses angeles. Qi a oreilles
de oir. oie ke lespirit dit as eglises.

Par ceus que unt nun de bone uie
& sunt morz. sunt signefie li ypo
crite que unt les eoures de sentete &
lentenciun mauuese. Ceo manace il
quil uendra a eus comme lerre. & tou
dra les biens quil unt. & oscira de mort
pardurable si il ne ueillent en lur eou
ures p droite entenciun. Cil qui nunt
lur cors souille p luxure ne lur eoures
par mauuese entenciun. lur cors se
runt clers oue ihucrist & lur eoures
beles en la compaignie ihucrist. Et lur
nun ne sera pas oste del liure de uie.
Ceo est lur los de deu & lur guerredon
pardurable. Si comme les eoures as ypo
crites seront effacees. kar il resemblet
la fause lettre ke len ret.

Et al eueske del yglise de Philadelfe
escriuez. Ceo dit li seint & li uerai
ki a la clef dauid qui eoure & nul ne
clot. & clot & nul ouere. Ie sai uoz eoure
& uos ai done le us ouert ke nul ne pe
ut cloire. pur ceo que uos auez un poi de
uertu. & auez ma parole. & ne auez pas
rentee ma fei. Ie uos donrai del sinagoge
sathanas qui dient quil sunt iuif. & ne
sunt mie. Et les frai uenir & a orer de
uant uoz piez. & si saurunt que uos
ai ame & pur ceo que uos auez garde le
commandement de pacience. Jeo uos gar
derai de la temptaciun que uendra en u
niuerse munde tempter les habitanz
en terre ua. & ge uing tost. Tenez ceo
ke uos auez ke nul autre ne prenge ure
coronne. Et celui ki uentra. ferai ge

columpne al temple mun deu · œ ſi ne iſtra
mes hors · œ eſcriuerai ſur lui le nūbe
mun deu · œ le nun de la cite nouele ieru
ſalem qui deſcendi del ciel · œ mun no-
ueau nun · ki a oreilles a oir · ote ceo ke
leſpirit dit as egliſes ·

Ceo eſt ke nře ſire promet les us o-
uert · pur ceo quil unt petite uer-
tu · œ unt la foi de garde ſignefie que
nře ſeignur couue le ciel œ les eſcriptes
a ceus qui unt petite ſcience gardent cō
commandemenz · Ceo quil pmet le gius
fere uenir a orer deuant lur piez · œ ke
il les gardera de la grant temptariun ·
ſignefie que ala uenue antecriſt cōu-
rirunt les gius ala foi œ a oirunt en · ſ-
gliſe · E noſtre ſire gardera ſeinte egliſe
que nul ne leira la foi pur miracle qui
face ſi le pur turmenz · ceo quil pmet
quil fera celui columpne qui ueintra ·
ſignefie que cil qui ſunt apareille de
ſuffrir tormenz pur la foi · il ſuſtiennēt
la foi de ſeinte gliſe · œ ceus ne leira mie
nře ſire iſſir par pecche · Ceo quil diſt
quil eſcriuera les treis nuns ſignefie ·
treis manieres de gloire que cil auerunt
vne · de la cōgneſſance deu · Lautre de
la cōpaignie des angeles œ des ſeinz ·
La tierce · de la uenue ihucriſt deu en hō-
me ·

Et al Eueſque del egliſe de laodice · eſ-
criuez · Ceo dit cil qui eſt uerite œ
teſmoing leaus œ uerais qui eſt cōmen-

cement de la creature deu · Ie ſa bien uoz
couures kar uos neſtes freit ne chaut · kar
fuiſſez uos freit ou chaut · Mes pur ceo
que uos eſtes tieues · ie uos commencerei
a uomir de ma bouche · Kar uos dites ke
uos eſtes riches œ nauez meſtier de rien ·
E uos ne ſauez que uos eſtes chertis œ
poures œ a uogles œ nuz · Et pur ceo
uos loge achater de moi or eſmere œ pro-
ue pur deuenir riche · œ que uos uos ueſ-
tez de blanc ueſtement que uoſtre hun-
te ne apeire ſi uos eſtes nuz · œ oignez
uos oilz de collire pur ueir · Ie blame
œ chaſtie ceus ki ie aime · œ pur ceo
feſtes penance · Ieo eſtois al us œ bat ·
qui orra ma uoiz œ me ouera la porte
ie entrerai alui œ ferai ma cene oue
lui · œ ſi oue moi · Ki ueintra · ge le
frei ſeer oue moi en mun throne · Si
comme ie ai ueincu · œ ſez oue mun
pere en ſun throne · Ki a oreilles pur
oir · il ote ke leſpirit dit as egliſes ·

Par celui qui eſt freit
ſunt ſignefie cil qui ne ſeuent rien
de la foi · Par le chaut ſunt ſignefie cil q
unt la foi en couue de charite · Par le
tieue · ſunt ſignefie cil que unt la foi
ſanz couue · Le uomir de la bouche · ſig-
nefie cil que ſunt ſeuere de la compaig-
nie des ſeinz · Ceo quil dit ge commen-
cerai a uomir ſignefie ke nře ſire lur
donne eſpace de repentir · Ceo quil dit
kar fuſſez uos ou freid ou chaud · ſig-

nefie que faus crestiens est pires ke celui que est en mescreantise p̄ defaute de enseignemt̄.
Par le or esmere est signefie penance. Ple blanc uestement: nettete de char. Par le org
nement: couere de misericorde. Ceo quil esta al us ce bat: signefie ke la grace deu est
preste pur entrer au pecc̄heor. Et le semunt p̄ predicatiun ⁊ tribulatiun. Par ouerir
la porte signefie confessiun. ⁊ nr̄e sire fet sa cene oue lui q̄nt il prent agre ses eoures. Il
cene oue nostre seignur quant il a delit de bien faire: ⁊ en ceo fenist sa uie. Ceo quil promet
quil sera oue lui en sun throne: signefie quil sera en char glorefie si comme est la seote.
ou que serra al iugement oue lui pur iuger les autres. Ceo quil dit qui a oreilles pur oïr
ceo que lespirit dit as eglises: signefie ceo que nr̄e sire dit en leuuangile. Ceo ke dit a un:
di ge a tuz.

Apres ceo ueet seint Johan. ce estes uos le huis
ouert au ciel. Et la uoiz premire quil oi ausi
comme de boesine ce li dist. sii untez ca ce ge uos
musterai les choses que uendrunt tost apres ceste
uie. Et tantost fu en espirite. E estenos un siege
mis au ciel. ce sur le siege un seant. 7 li sire ki iseet
resembloit a esgarder comme pierre Jaspe 7 sardoi-
ne ce le arc deu ciel fu enuiron le siege ke resemb-
loit a ueer comme esmeraude.

Ceo que seint Johan veet le huis ouert en ciel.
signefie keli bon prelat a entendement de seinte
escripture ce entent le uiez testament le semunt
a bataille entuintre les uices. Et ceo est la premie-
re uoiz come de boesine. Li munt. signefie hautef-
ce de bone uie solune la doctrine del euuangile. Le
muster des choses ke auendrunt tost signefie qil
odoure le se suatime de uie pdurable. Ceo quil
fu en espirite signefie que cil qui a la grace deu. se
met hors de la ueine cure de terriens choses. ceo
quil ueet le siege mis en ciel. signefie quil meu
sun penser au celestes coures. par le siege sunt
signefie li seint en qui deu reppse. p les colurs de
ij. pierres. sunt signefie les. ij. natures en ihu
crist la deite ce la humanite. ou p la duresce des
pierres est signefie quil sera dur a ces enemis. par

les colurs que sunt plesant quil sera amiable a ces
amis. par les ij. colurs que sunt enlarc del ciel uert
ce uermeil sunt signefie les. ij. iugemenz en ki deu
saune les siens. le premier ke fu p lewe del deluge.
le secund. ke sera ala fin del munde p feu. ou ce sig-
nefie ke tuit cil ki unt receu baptesme. uendront
au iugerint ce respondront a iesu crist de sun sanc
quil espandi por eus.

Enuiron le siege sunt xxiiij. sieges ce sur le thro-
ne xxiiij. maiurs seant ce couert de blanc ueste-
ment ce auoient en lur chiefs coronnes de or 7 del thro-
ne eseient foudres ce uoiz ce toneires. ce set lampes
ardanz sunt deuant le throne q sunt les set espiritz
deu deuant le sege. ausi comme mer uerrine uert
resemblable a cristal.

Par les xxiiij. maiurs ke sunt les xij. patarches
ce les xij. prophetes sunt signefie li seint del uiez
testament ce del euuangile ke serront au iugemet
por les autres iuger. le blanc uestement signefie les
cors gloriefiez. les corones de or signefient les uictor-
res quil unt eu par coures de charite. p les foudres
que sunt espars sunt signefie les miracles que
deu fist p eus. A enluminer les quers ala gent por
bien creire. p la uoiz est signefie predicatiun. par
le toneire. la manase ntre seignur ke il fet par

In saint glose. 7 lyon 7 el premier. sunt sucient a ceu signe la reuele.

Les .xxiiij. maiurs cheïrent devant le throne
e acorerent e mistrent lur coronnes devant le tro-
ne e diseient nostre sire deu vos estes digne de receuer
glorie e honur e vertu kar vos treastes totes cho-
ses e par vostre volente esteient e sunt criees.

Ceo ke les .xxiiij. maiurs cheïrent devant le trone
signefie ke li seint homme penseient jugement e
quil mistrent lur coronnes devant le throne signe-
fie quil recognossent a deu que la victoire quil unt
del deable est sue e ne mie lur kar il le veinqui par
sa passiun. Ceo quil dient quil est digne de receuer
glorie e honur e vertu signefie quil geïssent sa
glorie de la resurrectiun e la honur de sa ascensiun
e la vertu de sa pessance quil a la destre sun pere etc

Er seint johan voet en la   Lautra au[iugent].
destre le seignur ke seet sur le trone un liure escrit
de denz e de hors enselee de .vij. seaus e veot un fort
angele preescher a grant voiz ki est digne de ouerir
le liure e deslier les seaus e nul ne poet ouuerir
le liure ne esgarder le sle en ciel ne en terre ne de
suz terre e il plora mult por ce que nul nest trove
digne de ouerir le liure ne de esgarder le e un des
maiurs lui dist ne plorez pas treez tu q[ui] a ueintu le leo[n]

de la lignee juda que est racine dauid por ourir le liure
a deslier les set seaus.

Par la destre au seignur est signefiee le fuitz deu
par le trone sur ke il siet la char quil prist de la be-
nuree uirge ou la deite se repose. Par le liure est signe-
fiee le sauuer del home rechater. lescripture de denz
signefie le uielz testament ke oscurement le enseig-
ne e par figures. Par lescripture de hors est signefie le uan-
gile ke apertement le enseigne. les set seaus signefie[n]t
les .vij. sacremenz de s[einte] iglise ou les .vij. duns del seint
espirit. Par le fort angele sunt signefie li ancien pere
de la uieu lei. Par le preecher a grant voiz est signifie le
grant desir quil auaient de la uenue au sauueor.
Ceo quil dit que nul ne poet fere ne en ciel ceo est
angele ne en t[er]re ceo est home sle de suz terre ceo est
Alme essue del cors. Par le plurer s[eint] johan est signefie
meniees e par le crier au fort angele le char desirer que
li ancien auaient al tens de la lei. Par un des maiurs
est signifie chascun des prophetes ke conforterent les
antres e promistrent ke le fuitz deu uendroet en char
por eus sauuer e deliurer e de sa char couertet sa deite
ke li orguillus ne puissent reconestre si come le leon
oste sa trace de sa queue quant il fuist par les montaignes

Jeo sauf glose e lier e el premier fuill suiuant auiu signe la rubrice. li[...]

Et ge ui que le agniel ot ouert un des set seaus ce oi que une des quatre bestes me dirent ausi come uoiz de toneire tienez ueez ce ie ui un blanc cheual essir ce cil qui seer sure ot arc ce coronne li est donee ce cist en ueincant por ueintre

Par le cheual blanc est signefie sente glise que est gierrie de peche par bapteme por la mort ihucrist. Cil ki sier sure signefie le fuiz deu. P le arc est signefie sente escripture que manace les mausfesanz p iugement. Par la coronne qui li est donee est signefie le pople de paens ke se conuertiront a lui. Ce o q cist en ueincant por ueintre signefie quil conquertira les tius p ces quil enuoera uers la fin del munde.

les tribulatiuns quil enuoiere auant le iugement. Par les set lampes sunt signefie les set graces del seint esprit ke enluminent ce esprennent les quers en qui deu se repose. P le crestal que de etre en durtist en pierre signefie le crestien ki apres le bapteme est afermez p tribulatiun en droete creance ce bone uie. Et en mi le siege ce enuiron .iiij. bestes pleinnes de oilz ce auant ce ariere ce la premiere beste resembler leon. La secunde veel. la tierce a uett face de home. La qrte resembloet egle uolant. ce chescune des quatre aueit .vi. eles enuiron z de dez ce sunt plein de oilz ce ne cessent a dire tut ne nuit Sanctus Sanctus Sanctus. Dampnedeu tut puissant q est ce fu ce uendra.

Par les .iiij. bestes sunt signefie les quatre euangelistes ki tretirent del humanite nre seignur z de sa deite ce sa mort ce sa resurrectiun. P le leon est signefie seint marc p ceo quil parolle especiaument de la resurrectiun. kar leon nest morz ce au tierz iur uient en uie. P le cri sun pere ce nre sire ki morz p nus suffri encriz au tierz iur resucita de mort en uie. p la uertu de sa deite a la uolente sun pere. P la fourme de ueel est signefie seint luc. Pur ceo quil treta especiaument de sacrefice ki fu fer de ihucrist en lacriz por noz pecchez ke su signefie ou mieuz testament. P le ueel dunt fu commande a fere sa sacrefice p les pecchiez au pople. P la furme de home est signefie s mathieu. pur ceo quil trete especiaument del humanite ihucrist. P le egle est signefie seint iohan p ceo quil trete plus especiaument ce plus hautement de la deite ihucrist. kar egle est le oisel que plus haut uole ce plus cler uoet. P les .ij. eles aual sunt signefie contriciuns de quer z confessiun de touche. P les .ij. eles enmi

A parfenir ceste glose a rien signe en cest liure la quouerez

Et cum il ot ouert le secund seel ge oi la secunde
beste que me dist venez veer. et esst un autre
cheual sor. et a celui qui sett sure dona len poeste
de tolir pes de terre et ke chascun ocesist autre et
une grant espee lui est donnee.

Par le cheual sor sunt signifie li tyrant qui
espandirent le sanc au martyrs et cil qui sett
sure signifie le deable aqui fu donne poeste de
guerrer s. eglise. la grant espee signefie puissan
ce terrienne.

nette de quer. et chastete de char. p les .ij. eles
amunt est signefie amur de deu et amour
de prome. Ceo quil sunt plein de oilz deuant et de
riere signefie que les euuangelistes enseignent de
cercher les pecchez que len a fet e escriture cez que
seut uiennent. Ceo quil furent plein de oilz de denz
et de hors signifie ceo que li apostle dit que nos de
uum puruear de bien fere ne mie solement de
uant deu mes tut ausi deuant la gent. Ceo quil
ne cessent a dire Sanctus Sanctus Scs signefie

ke cil tiennent leuuangile deiuent en tutes lur eoures loer la trinite et graces rendre a deu por ceo quil nus
crea et rachata et por les biens quil nus fer ore et p les biens quil nos fera en lautre uie ou solum la moraute
p leon sunt signifie cil qui sunt fort et hardi por suffrir a dii sitez por la foi de seinte glise. p uel dunt om fist
sacrefice sunt signefie cil qui sunt en apiere de penance. p la forme de home sunt signefie cil qui sunt suef
tretable. p leegle sunt signifie la gent de religiun que sunt en bone uie et contemplatiun ou en autre ma
niere p ces .iiij. figures sunt signifie iiij uertuz. p leon force. p le uecl temperance p la figure de home justi
ce p legle prudence. Est qunt les quatre bestes rendirent gloire et honur et beneicon au seignur qui sett en
throne et uit sanz fin.

Et cum il ot ouert le tierz seel. Jeo oi la tierce
beste qui me dist venez veez. & esteuos un cheual
neir. & cil que set sure aueit une balance en sa mein.
& ge oi aussi comme une voiz en mi les .iiij. bestes &
dit: ij. mesures de furment pur un dener. & iij. me-
sures de orge pur un dener. & uin & oile ne damagez.
Par le cheual neir: sunt signefie li herite en
ki deable regne. Par balance est signefie discretiun
quil dient quil tint escripture. mes la predicatiun del
euuangile les defent quil ne damagent ceus que nre
sire a achate de sun sanc. & ceo est quil dit ij. mesures
p un dener de furment: sunt signefie que li seint ho-
me en seint eglise que sunt ij. mesures. p les ij. pople
ki sunt griis & paens ou p ij. mesures quil tint ue-
raie fai. & bone eoure. p le orge sunt signefie les sim-
ples genz que sauuez sunt en la fei de la trinite le t-
denier dont il sunt achate signefie le sanc ihu crist.
P le uin. & le oile sunt signefie les ij. testamenz.

quil ne seit troue. & si comme le leon dort a oilz
ouerz: Issi morut il en la croiz quant a la char. & qui
a la deite inmort. Et ge ui dit s. Johan. esteuos en mi
le trone. & en mi les .iiij. bestes. & en mi les maturs un
agnel estant. ausi comme ocis. & aueit vij. cornes &
vij. oilz. ke sunt vij. espiriz de deu. que sunt enuoiaez
en totes terres & tient li agnel. & pient le liure de la des-
tre celui qui seet en le trone. & comme il ot ouert le li-
ure. les iiij. bestes. & les xxiiij. maturs cheurent de-
uant le agnel. & auaient tuz harpes & phioles deor
pleinnes de suefs odours. ke sunt les oreisuns au seinz
& chanterent chauncon nouele. & disaient. Sire uos
uos estes digne de ouurir le liure. z de destier ses signa-
cles. kar uos estes ocis & uos auez rachate de nostre sac
al eos deu de tutes lignees. & langues. & poples. & na-
tions. & uos auez fet a nostre deu regne. & prestres &
regnerunt sur terre.
Ceo ke li agnel pient le liure de la destre au seign-

signefie ke le sulz deu ke est signefie par la destre. Se maria a la char nere sanz pecchie que est signifie p le agn
& en pist la destrene a fere por nos encuntre le diable. P la char en humilite & p sapience. ke est signifie par liu
Ceo que li agnel estut ausi comme ocis: signefie quil suffri passiun en la humanite. & sa destre fu en terre ou k
il est en terre mortifiez en ses membres p tribulation. Et engloute mennt entier ihus a sa psone. Ceo quil aueit vij.
cornes que sunt encontremund. vij. oilz ke sunt les set espiriz enuaiez en totes terres signifie que les vij. duns
del seint espiriu que ile aueit come dist p ysaie. z les dune a siens. encuintre les assauz al ennemi que uiennent de
haut porgueil. & p tribulatiun des tyranz del munde. e p temptatiun en bas comme sunt les assauz de coueitese.

Ici faut Tixt & Glose & a ieu sigue la trouere.

Et cum il ot ouuert le quart seel. Si oi
la uoiz de la quarte beste que me di
seit uenez ueez. Et estenos un cheual pa
les. Et cil qui seet sure á á nun mort·7 en
fer le siuiuet· Et la poste lui est donnee
sur·iiii· parties de la terre· por tuer de es
pee·7 de faim·7 de mourine7 de bestes de
terre

Dn le cheual pale· Sunt signefie· les ypo
crites· e le diable qui en eus regne est a
pele mort· Por ceo que par eus poet il plus
legierement deceure les autres· kar l siene
mi tant cum il est plus priue· plus poitt
nuire· Par ceo que enfer le siuiuer· est sig
nefie que li ypocrite sunt auer·7 ne poent
estre saulez en lour auarice· Ceo que poste
lui est donnee sur quatre parties de la terre· Signefie quil a segnourie sur giuus·7 sur pa
ens· herites·7 faus cristiens· Le feu dunt il tue· signefie le poer terrien· dunt il escouchent
lour suzgez· La faim signefie faute de enseignement· La mourine signefie fause doctrine·
Les bestes de terre· signefie glotunnie7 luxure·

Et qant il ot ouert le quint seel Jeo vi
de suz lautel les ammes aus ocis por
la parole dieu z por le resmoigne quil aueient
z crierent a grant uoiz. Sire dieu seinz e ue-
rais. Desque a quant soufrez uos. que uous
ne uengez nostre sanc de ceus qui habiten
en terre. z len donne a chascune une esto-
le blaunche z lour dist en quil reposent
uncore un poi de tens. desque le numbre
seit empli. de lur freres que sunt a ocirre
cum il.

Par lautel est signefie la char nru est close
Oseo quil ueet les ammes de suz lautel z
signefie que les ammes au seinz tant cum
les cors sunt en terre ueent iHu est en char
glorefiee. Ost ceo est lestole blanche que
lour est donnee. Oseo que eles crient a grant
uoiz quil les uenge signefie le grant
desir quil unt del iugement por la resur-
rectium de lur cors en qui il aueront lau-
tre estole z seront loes sur lautel Oseo
a dire quil aueront la pleine cognessance

De la dente iHu est z donc sera lur gloire doublee Kar il seront glorefie en cors z en Al-
me Oseo que len lour dist quil se reposent un pou de tens desque le numbre de lur fre-
res soet empli. signefie le solaz z confort quil unt de lur atente por la gent compaig-
nie quil atendent a auer en gloire.

Et quant il ot ouert le sisime seel. este
uos grant terremote est fere. ⁊ li so-
leil est ennerciz ausi come sac de heire.
⁊ la lune est deuenue uermeile comme
sanc. Et les esteilles del ciel. cheierent sor
la terre ausi cum li fier abat ses grosses
qnt il est meu de grant uent ⁊ le ciel se
te parti ausi comme liure enuolope ⁊
chascun munt ⁊ les yles sunt esmeu de lor
leus ⁊ li roi ⁊ li prince ⁊ li cheueteing ⁊ li
riche ⁊ li fort ⁊ tuit li serf ⁊ li franc se mu-
cerent en fosses ⁊ en roches de muntaing-
nes ⁊ diseient au munteignes ⁊ au ro-
ches. cheez sur nos mucez de la presence le
seign. que sier sur la throne ⁊ del ire del ag-
nel. kar le grnt iur del ire est uenuz ⁊ qui
porra ester.

La grant terremote signifie la grant glose.
⁊ p secution Antecrist. Ceo que li soleil de-
uint noir. signefie que nre sire ihu crist sera
lors oscur sanz miracles fere. Et qnt a ses
membres quil ierra dunc en tribulacion ⁊
ceo signefie la heire dure. Mes il sauuera les
siens. ⁊ ceo signefie le sac. ceo que la lune
est fere comme sanc. signefie q seinte glise se-
ra lors enuaiee p tout. De tyranz q espandirot
lur sanc. Ceo q les esteilles cherront del ciel. sor
la tre signefie que ceus ki auant apareteut
religius. ierront dunc la fei pur lur cors grant
tyrir. Ceo que li fier abati ses grosses pur le uet.
signefie que seglise se descharchera donc de fauz
cristiens. Par la persecution. Ceo que li ciel.
se departi comme liure emuolope. signefie la
defaute de ueraie predication. que lors sera.
Ceo que chascun munt ⁊ les yles sunt esmu

de lur lui. signefie que li bon se seureront donc de la compaignie as maures. Par le mucer ⁊
la prere est signefie la grant humulite des senz de diuerse maniere ⁊ quil seront donc ⁊ les
oreisons quil feront pur eschiure lire del iugement

Apres ceo ui ge quatre angls estant
sur quatre angles de la terre. Et
et tenetent les quatre venz de la terre
quil ne uentent sure terre. ne sure mer
ne en nul arbre. Et ui un autre angele
qui munte uers lonent. 7 auoit merc de
ceu uiuant. 7 cria a grant uoiz a quatre
angeles que unt receu la poeste de nuire
a terre. 7 a la mer. 7 dist. Ne nuisez pas
a la terre ne a mer. ne as arbres. des que
a tant que aeum merche le seel nostre deu
en les frunz des serfs 7 oi le numbre des
merchez. Cent 7 quaratnte millers. De cha-
cune des duze lignees. xij. mile

Ceo que li angele tenetent les quatre blo-
uenz. signefie que le diable destorbe se-
les predic aturns del euuangile quil a-
menent les pluies de grace pur aruser les
quers as pecheors. Ceo que li angele qui
munte deuers orient les defent. Signefie
que le sintz deu descendi del ciel. refreindre
le diable quil ne puisse nuire tant cum
il uousist. Le mercher au front. signefie
que li crestien uerai fer le signacle de la croiz
pur mustrer. que si cum il a en quer la fei de
la croiz isi la reconoit il de bouche sanz hun-
te. Ceo quil uit le numbre des merchez.
signefie quil entendi que touz ceus seror

sauue qui aueront pfection de bones oeures. ke sunt signefie p mil. 7 uictoere de temptaci-
ons. ke sunt signefie p cent. 7 uerate penance. ke est signefie par. xl. 7 en la fei del euuan-
gile. que est signefie pan quatre

Apres ceo ui qe une grant assemblee que nul ne pout conter de cutes manieres de genz que esteint deuant le throne en la veuue del agnel. couuerte de blanches estoles [et] palmes en lor mains [et] crient a grant uoiz. Salu a nostre deu que seez sur la throne [et] a l'agnel. Est tuit li angle estoient emuiron le throne [et] cheirent de uant le throne en lur faces [et] aourerent [et] disoient aim benecon [et] clarte [et] sauoir [et] graces honor [et] ii [et] force a nostre dieu sanz fin. Est respond un des maiures [et] me dist. Cil que sunt couuert de blanches estoles. qui sunt il [et] dunt uindrent. Et li dis sire uos le sauez. Est il me dist. ces sunt ki uindrent de grant tribulation [et] lur estoles laue [et] les unt blanchies. el sanc del agnel. Por ceo sunt il deuant le throne deu [et] le seruient ior [et] nuit en son temple. Est cil qui siet el throne habitera sur euls. Il ne aueront mes faim ne sef. Neli soleil ne charra mes sure euls. Ne chalor ne les quira mes. Kar li agnel que est en mi le throne les gouuera [et] les merra au funteines de eue de uie. Est essuiera totes lermes de lour eulz.

La grant assemblee que nul ne pot numbrer estant deuant le throne signefie que apres la destruction antecrist esteront en seinte glise [et] apres le iugement el ciel. li bon cristien. que p nette uie aueront ueincu lor char. ke est signefie p les blanches estoles [et] par pacience aueront ueincu les tribulations del munde. Os est signefie p les palme... rendrunt graces a deu de ceo que il les a saue par son fiutz. Ceo que li angele cheirent de uant le throne [et] a ourerent deu. signefie le grant ioie que li angele aueront de la compaignie des seinz en gloire dont il rendrunt graces a dieu. Par la parole au maiure. Est signefie l'enseignement del seinte scripture que nos enseigne [et] amoneste a suffrir tribulation en ceste uie. Est a lauer noz cors [et] noz ames p confession [et] en blanchir par bones oeures en la fei de la passion ihu crist en esperance des biens de la uie pardurable.

Et comme li aigniel ouvri le sexieme seel.
Silence est fere en ciel ausi comme .i.i.t.
par demi hure. Et qe ui .vij. angeles estant
tevant le face deu .flur suint donees .vij. bu-
sines.

LA silence que est fete en ciel ausi come
demi hure. signefie la pes que Glose.
seinte glise avera apres la destruction ante
crist apres qui vendra tost le iugement. les
.vij. angles oue les set busines. signefient
touz les preechurs de seinte glise que suint
espris de la grace z des .vij. duns del seint
espirit.

Et un autre angle vi ge. que vint Text.
↑ estut deuant lautel. ↑ auoit un en cen-
sier de or en sa main. ↑ l en li donne mlt de en-
cens. quil donast o les oraesuns de tuz le sez.
sur lautel dor que est deuant le chrone. Et
la fumee del en cens de oresuns au seintz.
munte de la main al angele deuant deu.

Et lautre aungele que fu en estant
deuant lautel. signefie le fuilz Glose
deu en humanite. Le cenfer dor. signefie
seinteglise. le mult en cens. les oresuns
au seintz. La fumee del en cens que munte.
signefie la compunction des queors que
surt des oresuns. Ceo quil empli le cen-
fer. del feu del autel. signefie quil espeint
les queors. de la memoire de la passion.

Et langle prist le censier ⁊ lempli del feu del autel ⁊ lenuea en la terre. ⁊ sunt fez toneires ⁊ uoiz ⁊ foudres ⁊ grant terremote. Glose

Ceo quil emuea en la terre signefie quil enuea ses deciples en ce munde preescher leuuangile. Par les toneires sunt signefiez les manaces del iugemet que dieu fet par ses preescheors. Par la uoiz la promesse de gloire. Par les foudres les miracles. Par la grant terremote est signefie laspie ine que li preescheor meinent.

E cli uii angles que auietent les uii busines seaparilerent pur businer. Et li premier angle busine ⁊ est fete greele ⁊ feu melle de sanc ⁊ est enuee en terre. ⁊ la tierce prie de la terre est arse ⁊ la tierce des arbres ⁊ tut le fein uert. Glose

Businer au premerein angle signefie la predication que fu fete premiereint as gius qui furent doune al amur a terriennes choses. Ceo que la greele ⁊ le feu melle ensemble de sanc signefie les males parolles ⁊ la grant ire as gius. Par ke il firent espandre le sanc innucent ⁊ les seinz. Par la tre dunt la tierce prie est arse signefie le auer. Par les arbres les orguillus. La tre prie arse signefie la prie dampnee. Par le fein uert sunt signefiez les delitius del munde ke sunt abandonez as deliz de la char. sil se continissent plus en uiz a bien. ⁊ pce est tout ars ⁊ ceo la greindre prie dampnee.

Et li secund angle bosine ⁊ ausi cum fu ce
un grant munt de feu est enuae en
la mer ⁊ la tierce prtie de la mer est fete
sanc ⁊ moerr la tierce prtie des creatures q̈
aueient almes en la mer ⁊ la tierce prtie
des nefs pist   Glose

Li Bosiner au secund angle signefie que
la predicaciun que primes fu fete as gi
us se turna puis au paens. Ceo que li grant
munt ardant est enuae en la mer signefie
que li diable orguillus ⁊ enuius aueit le
essur den nure el munde que est signefie
p lam. ceo que la tierce prtie de la mer deuit
sanc signefie que une prtie des paens re
meinst en pecchie de mescreance. Ceo que
la tierce prtie des creatures en laru mourt.
signefie que ceus que conuerti surrt a la
fei puist une grnt prtie par maluese uie en
male oeure par les nefs surrt signefie
li prelat en ce munde qui deiuent les
auttres porter au riuage de salu dunt puist
une grant prtie.

Et li tierce angele sona bosine ⁊ une grat
grant esteille chei del ciel ardant comme
Brandon ⁊ purprist la tierce prtie des fluue
⁊ chei au funteines ⁊ le num de lasteille est
asloigne ⁊ la tierce prtie des eues est fere a
lume ⁊ plusurs gentz moerrt des eues por
lamertume   Glose

Par les eues sunt signefie les escriptures
del uielz testament ⁊ del nouel. Par les
funteines sunt signifie les euuangiles.
Ceo que lesteille ichei ⁊ les fist ameres sig
nefie que apres ceo que la fei tenu est est dei
te uie fu enseignee en seinte glise p escriptures
⁊ receue Li diable fist surdre herites ⁊ ont
corrumpu les escriptures p faus entende
ment ⁊ mauuese doctrine ⁊ les ont souent
fet ameres comme alunne ⁊ perissent plu
surs qui en boeuent de ceste doctrine

Et li quart angele sona sa bosine. ⁊ la tier-
ce partie del soleil ⁊ de la lune ⁊ des tiet
esteilles. est ferue en obscurte. ⁊si que cele
part ne luist ne ior ne nuit. Et ge ui ⁊ oi
la uoiz de une egle uolant par mi le ciel ⁊
dist. a grant uoiz. Wai. Wai. Wai. As habitans
en terre. des autres uoiz a trois angles qui
deuoient bosiner.
signefie li prescheor qui uoient loing ⁊ garn[issent]
que ele auera a la uenue antecrist ⁊ nomeemen[t]

Ce que la tierce partie del soleil. Glose
⁊ de la lune ⁊ des estoilles est en occur-
ci. signefie que ceus que le diable ne pert
estorber par mescreantise. il tur toust la
grace. par male oeure ⁊ au greignours ⁊
au miluens ⁊ au menours. si que il ne se
amendent p prosprte ne par aiurte que est
signefie par iur ⁊ p nuit. Par le gle sunt
ussent sentre glise de granz tribulations.
t ceus qui sunt trop done al amur des ter-
riens choses.

Et li quint angele sona sa boisine. Est ce ui
une esteille cheir del ciel en terre ⁊ lui est
est donee la clef del purz d'abyme ⁊ il ouere le
purz ⁊ la fumee del purz munte ausi come
de une fornese ⁊ en oscurcist le soleil ⁊ l'air.
Et de cele fumee issirent locustes en terre ⁊
lui done poer de nuire ausi come scorpion.
Et lur est comande quil ne damagent le
fein de la terre ne nul uert. ne nul arbre. ne
nul homme. fors ceus qui nunt le merc
deu a lour frunz ⁊ lur dist en. que ceus ne
ocieient il pas. mes les tormentent cinc mois.
Et lur torment come torment de scorpion.
quant il fiert home ⁊ A cez iurs querront
homes la mort ⁊ ne la troueront pas. Des
sirront a mourir ⁊ la mort les fuira.

Par l'esteille que chei del ciel en terre est
signefie le diable. qui oeure le purz. glose
de l'abyme. Ceo est la subtile heresie que est en
queors au deciples antecrist. La fumee que
en surt ⁊ en occurcist le soleil. signefie la fau
se doctrine que fera en oscurcir la fei en plu
surs. Par les locustes que issent de la fumee
sunt signefie li deciple antecrist qui ne poïr
uoler haut. p dort entendement. ne aler fer
mement p bone oeure. Par le fein ⁊ le uert ⁊
l'arbre sunt signefie trois degrez en seinte
glise Li nouel conuertiz ⁊ li ben ouirant.
⁊ cil de haute uie que nre sire ne lesse dama
ger en alme. tout abandone il le cors a tr
bulation. Ceo quil desirent la mort. signe
fie la grant pour que li bon crestien aueront
de saisir de chair en la tribulation que ert
si grant.

Et li locuste resemblerent cheuaus apa
reille en bataille ⁊ sur lur chiefs a
ueient comme coronnes que resemblerent
or. Et lur faces aussi comme domes ⁊ aueient
cheueus aussi comme de femme ⁊ lur denz si
come de leon ⁊ haubers comme de fer ⁊ le so
un de lur eles aussi come soun des cures de mul
titude de cheuaus que courrent en bataille
⁊ aueient keues aussi comme de scorpion
⁊ aguluns au keues ⁊ lor poer est de nuire
a la gent cinc mois. Et aueient rei sur euls
langle de abysme langle exterminator ⁊ auit
passe le premier war. Esbenos uncore uienent
ij. war apres.
tremblrunt Li angle de abysme ceo est li diables

Par les cheuaus apareillez en bataille bio
est signefie longuil ⁊ la fierte as desciples de
antecrist. Par les coronnes aussi comme dor
⁊ la face comme dome est signefie duble ypo
cresie une en lur doctrine ⁊ autre en lur uie.
p lur cheueus comme de femme est signefie
quil sunt mol ⁊ leger a torner en chascune
uice. Par lur denz comme de leon est signe
fie lur cruelte. Par lur haubers comme de fer
est signefie lur duresse en contre uerite. Par
le soun des eles lur grant boban quil uint de
la suite quil unt. Par les keues come descor
pion sunt signefie les temporeles choses p
quei il deceuront ⁊ les tyrant par quei des
nables qui a poer en cuers terriens.

Et li sisime Angle sona sa boisine. Et ge oï
come une voiz de quatre corneres del au-
ter d'or que est devant les oilz dieu. qui dist
au sisime angle qui boisinet. Desliez les quatre
angles que sunt liez el grant fluerre de eufra-
ten. Et sunt delie li quatre angele qui esteï-
ent apparile de occire la tierre ptie des home
par une houro 7 un iur 7 un meis 7 un an.
commanda deslier signefieut les princes au quatre ptes
essur que dieu lur soufarra a mal fere a cel tens. kar
se moutarront aptement en contre seinte glese.

P[aute]l d'or que est devant les oilz deu Glose.
signefie la char ihu crist. p les quatre cor-
neres sunt signefie les quatre euuangelistes
qui traient quatre choses de nostre saluatiō.
la Nativite nre seignur. sa pasſion. la Resur-
rection. sa Assension. li quatre angele que sōt
lie al grant fleuue de eufraten. que la voiz
au quatre pries del munde. Le deslier signefie la le-
cel tens. kar auant pecherent priueement. Hors
glese.

Et qe(n) mo(n)z millers de chevalers fu(r) a
cheual. et oi lur numbre. vint foiz. x. mi-
le et aueient hanbers de feu et de iacincte et de
foufre et les testes des cheuaus esteient come
testes de leon. Et de lur bouches issi fen. e fu-
mee et foufre dont la tierce p(ar)tie des hommes
fu ocise. kar la poeste des cheuaus est en lur
bouches et en keues. Et lur keues resem-
blent serpenz qui unt testes et en ceus mu-
sent et les autres hommes perirent qui ne
sunt ocis de ces plaies. ki ne ont fet penan-
ce des euures de lur mains quil naorassent
diables et faus deus dor et de argent et de latun et
de lur homeudes. ne de lur enuenimers. ne de l(ur)

Li cheual signefiet li grant del munde
les cheuaus les herites qui sunt glose.
les autres mestere p(or) lur enseignement.
Par le feu que issi des bouches au cheuaus
signefie couetasse. a quei turne le prechem(ent)
as herites. Par la fumee orgueil. Par le suffre
luxure. De ces treis pechiez sunt arme li
cheualer et de ceus trois pechiez sunt corru(m)-
pu une grant p(ar)tie des genz de ce munde.
Ceo q la poeste au cheuaus est en lur touche
et en lur keues signefie que p(ar) fause dochi-
ne et par essaumple de mauuese uie et de ma-
les ouures deceuueent il les autres.
(lat)um et de pere et de fust et ne ont pas fet penance.
ne de lur fornications. ne de lur larecins.

Er ge ui un autre angele fort descendant del
ciel. conuert de une nue. & l'arc del ciel out
en sun chief. & sa face estoit come soleil. Et ses
piez ansi come columne de feu. & auert en sa
mein un liueret ouert. & mist sun pie destre
sur la mer. & le senestre sur la terre. & cria a haute
uoiz ansi come lium quant il ruist. & a son cri
parollent. vij. toneires lur uoiz. Et ge oi la
uoiz del ciel. que me dist. en seelez les paroles
au set toneires. & nes escriuez mie

Li Angle fort descendant del ciel. signefie
le fiutz dieu ke se humilia a nature de glose
homme. La nue signefie la char quil prist
de nre dame seinte marie. l'arc del ciel signe-
fie. la concorde & aliance quil fist. entre
deu & homme. Par sa face sunt signefie la
bone gent de religiun que resemblent en as-
piete de une. cil sunt comme soleil. kar il en
luminent les autres p bone essample. Par
ses piez sunt signefie li bon preschur qui

uont delun en autre por preescher la foi. Qu sunt comme columpne de feu. kar il deiuent sus-
tenir les fiebles & esprendre les refreidez del fen de charite. Ceo quil auert en sa mein un liue-
ret. signefie ceo quil dist en leuuangile. Ge ne sui pas uenu pur la lei despecer. mes pur
emplir la. Ceo que li liueret fu ouert. signefie quil ouri seinte scripture p sa uenue. & bona
l'entendement au siens. Par la mer. sunt signefie li paen. Par la terre. li giu. A paens conu-
tir enuea il ses fort preeschurs que sunt signefie par son pie destre. a conuertir les grieus. Et
il enuea les meuns toiz. que sunt signefie par le pie senestre. Ceo quil cria comme leon. sig-
nefie que p son preeschement. tenir il les seons en sa fei. quil nosent issir. Si come leon p son cri
tenent les bestes en sun cerne quil nosent mouer. Par les. vij. toneires que a son cri parolent.
les uoiz. sunt signefie tuit li preeschur de seinte eglise apres les aposteles. Ceo que la uoiz li
dist. quil en seelast. ceo que li toneires parlerent. & quil ne le escrisist pas. signefie que a la ue-
nue anticrist. cesseront les predicatiuns del euuangile.

Cil angele que ge vi ester sur la mer [txt]
et sur la terre, sa main levee au ciel et jure
par celui qui vit sanz fin et crea ciel et terre et
mer et quanque il tiennent, que li tens mes-
ne dura. Mes a jurz de la voiz de la setime an-
gele, quant il commencera a bosiner, sera
acheve le secre dieu. Si cum il a presche par
ces prophetes. Et la voiz que ge oi del ciel de
rechief parlant a moi et disant, va prendre
le livre overt de la main al angele que esta
sur la mer et sur la terre. Et ge alai al angele
et li dis quil me baillast et il me dist. Pren le
et le devorez et fera tun ventre amer. Mes en
ta bouche ert douz comme miel. Et ge reçui
le livre de la main al angele et le devorai. et
estoit en ma bouche douz come miel et en
mun ventre tout amer. Glose sur le txt.

Par le lever de la main al angele signefie la ascension nostre
seignur. Par ceo quil jure que le secle faudra et que le segre devi sera
acheve, signefie la forme promise de la gloire nostre seig-
nur fer a siens dunt li seint se conforteront qui seront en
la psecution antecrist. Le livret overt que langele tint en
la main signefie seinte scripture, ceo que s. Johan le prist de sa main
signefie que cil que desirent lentendement de s. scpture et le aprenent
deu les comande quil le mettent en ovre. Ceo que le livre fu douz
en sa bouche et amer en sun ventre signefie que la parole deu
est mult plesant et a escuter et a lire et a prescher. Mes mult
greve sovent de mettre la en ovre.

Cil angele me dist de rechief recouient prescher a
diverse maniere de genz et a mulz rois et me dona
un rosel qui resembler verge et me dist. Ore te de-
toit mesure le temple deu et lautel et ceus que laenz
aorent. Mes le estre que est de hors le temple getez
hors et ne le mesurez pas. Kar il est donnee a mes-
creanz et defoleront la seinte cite xlii mois. Glose

Par le rosel dunt en estrur est signefie seinte scpture
et le juge chastiement de char que cil devuent aver que
sevent escripture et la pescheur, si come dist li apostele
s. pol. Je chatai mun cors et le ramene en servage
pur prescher aus autres. Ceo que len li dist quil devast a me-
surer le temple, signefie que li pescheor li plat se de-
venir dreter. a bones oevres et pescher as autres solice
ceo quil pount entendre et en jornore penance solice ceo
quil la pount pur. Par le estre que de hors le temple sunt
signefie li faus crestien, a qui len ne doit pas prescher
a la venue antecrist. Mes mettre les hors, par escomenge-
ment. Ceo que li mescreant avront poiste de foler la seinte
cite xlii mois signefie que la mesnee antecrist de folera
seinte eglise par psecution iii anz et demi et ceo le res
que nota avant, par une hure et un jur et un mets et
un an. Kar une hure signefie de mi an. Par un
jur un an et p un mois. un an et ceo sera noit en avant
p un tens et p ij tens et p demi tens.

Je donrai a mes .ij. tesmoinz ⁊ il preescheront
⁊ mil nuiz ⁊ .ij. cenz ⁊ sexante couvert [...]
de sacs. Cil sunt .ij. olives ⁊ .ij. candelabres o
luisant ⁊ estant en la veue li sire de la terre.
⁊ qui les voudra nuire. feu istra de lur touché
⁊ de voiera lur enemis. Cil unt poer de clore
le ciel. quil ne plove le iur de lur preeschemt.
Or unt poer sur les eues. de convertir les en
sanc ⁊ de ferir la terre de chascune plaie qnt
il unques voudrunt.

Cist dui tesmoing. sunt. Enoch ⁊ Helye
⁊ qui sunt signefie li autre bon prees
chor a qui nre primet sa grace ⁊ amoneste
quil ne faillent en petite aduilure. quant cil
durront tant en si grant persecution. Ceo
quil serront couert de sacs. signefie que li
preeschur ⁊ li prelat deivent doner essample
de penance as autres. Ceo quil sunt dui oli
ue. signefie quil deivent estre plein de mise
ricorde. Ceo quil sunt candelabre luisant

Signefie quil deivent les autres enluminer. plone doctrine ⁊ sente ⁊ par bone essample. Ceo
quil sunt en estant. signefie ql ne deivent prendre des choses temporeus. por lur sustenement. si come
dist li apostle s. pol. Si nos eum dour nos seum nurt ⁊ couert. seum de ceo paie. Ceo que le feu
istra de lur bouches. ⁊ devorera les enemis. signefie quil se deivent combatre de espee espiritele
ceo. la parole dieu quest feu ⁊ ne mie par poer terriene. Par la pluie del ciel. sunt signefie les
menaces as orguillus puissanz ke li bon preescheor unt poer declore quil ne saient cremuz. par
les eues. sunt signefie li luxurius. q li bon preescheor tornent en sanc. quant il les font cognoestre
lur oidie. par la terre. sunt signefie li aver. que li bon preescheor firent de toutes plaies. quant
il les sunt tout guerpir ⁊ suffrir meseises por dieu.

E quant il aueront fem lur tesmoinige
la beste que est monte dabysme se comba-
tera a eus. 7 les ueintra 7 les oscirra. 7 lor cors
iarront es rues de grant cite que est apele
espiritualment sodome 7 egypte ou lur sire
fu crucefiez. 7 les genz uerront lor cors sur
terre .iij. iurz 7 demi. 7 ne sufferont pas q'l
saient mis en terre. 7 ceus qui habitent
en terre se esioieront. 7 se esleeront. 7 enua-
eront donc les uns as autres. par ceo que
cez dous prophetes tormenterent ceus q'
habiterent sur terre.

La beste que muntce dabysme. signefie Glose.
lantecrist qui se mettra en contre enoch. 7 he-
lye. 7 les oscirra. Et si. signefie le deable qui nust
te par les queeus tenebrus. en contre ceus. que
sunt de par deu. 7 les damage en tempuens tho-
les si come il fist Job. La grant cite. signefie le
munde que est apele esprituelment sodome.
Ceo q' la uue de deu loer. Egypte que est tene-
bruse sanz cognoessance de deu. Ceo que les cors
enoch 7 helye serront ueu gesir mort en celes
rues. signefie les genz del munde que unt
hidur 7 pour des aduísmez que les seinz deu suef-

frent 7 suffarront. Mes ceo ert a tard. kar li sire des genz. i fu crucefie. Ceo qui ne sueffrent mei-
tre les cors en sepulture. signefie que les genz del munde ne unt que fere de la remembrance des
genz que unt este. Ceo qui se choissent de lur mort. 7 enuaent les uns de ceus as autres. sig-
nefie que li munde quant il meschier en tempuens choses. as pou des homes que chastier les
solunt. 7 se entreduient li un al autre 7 bient Ore sumes uengez de ceo papelard.

Et apres .iij. iurz ⁊ demi. lespirit de uie en-
tera en lor cors. de la part deu ⁊ se dr(ec)e-
ront sur lur piez. Et tuz ceus qui les uer-
ront. en aueront grant pur ⁊ orront la uoiz
dou ciel que lur dirra. muntez ça. Et
il munteront el ciel en nue ⁊ lur ennemis
les uerront ⁊ a cele hure sera fete grant ter-
remore ⁊ cherra la disieme prie de la cite ⁊
enseront ocis .vij. mile hommes ⁊ li autre
seront effreez ⁊ durront gloire a deu del ciel
⁊ atant passe le secund wai. ⁊ estes uos le ti-
erz wai uendra apres.

Ceo que li espirit de uie entra en eus. Glose
signefie que cil que mourrent por deu re-
leueront a gloire. Ceo quil esteront sur lur pi-
ez. signefie la fermete que nul ne pora da-
mager. Ceo quil munterent en nue. signe-
fie la char glorefiee ⁊ quil estarront en glot-
re. La terremore. signefie la grant pour
que li tyrant aueront de ceus quil tormente-
ront en ceste uie. Ceo que la disieme prie de
la cite chai. signefie la dampnation de ceus.
que seront a dieu assignez. sicum li prelat
⁊ li clerc. Par les .vij. mile que furent ocis

par le torment. sunt signefie la menue gent qu[i] que pissent p les autres. Ceo que les autres
sunt effreez. ⁊ rendent gloire a deu. signefie que les uns se chastient p les autres. ⁊ funt pe-
nance en humilite.

Et li septime angle sona la boisine e furent granz voiz el ciel que dient fet est le regne de ce mounde nostre seignur e sun fuiz ihu crist. E il regnera sanz fin. E li uint e quatre maiur que seent as sieges deuant la face deu cheirent a denz e aourerent deu tuit e disoient. Nos rendum graces a uos. nostre sire puissant qui es e seras qui as receu ta grant uertu. e as regne e furent ire la gent e ta ire est uenue e le tens de iuger les moiz e rendre guerredun a tes serfs prophetes e a seinz qui creinent ton nun petiz e granz e destruire ces qui corrumprent la terre.

Les granz voiz en ciel signefie la grant ioie que seinte eglise auera por la destruction antecrist de la pes que lors lui sera rendue. E que mes ne li sera tolete. Par les uint e quatre maiurs sunt signefie li grant prelat de seinte eglise. O ceo quil chairent a denz e aorant signefie quil se humilierent e feront penance en ceste uie e loeront deu des biens quil lur a done. E de ceo quil les a deliure de lur ennemis.

19

Et le temple dieu en ciel: est ouert et larche
de sun testament: est veue en sun tyei
temple: et sunt fetes foudres et uotz et terremo,
te ce grant greele.
ment: signefie la humanite iħu crist par que sunt
les miracles. La uotz: les predications. La terremo[te]:
temptations qui uienent souent e menu.

Le ciel: signefie seinte glise. le templ dieu
que est ouuert: signefie le seint Glose
espirit qui apparut en seinte glise par qui li
segre dieu sunt demoustre. Larche de son testa
sunt conferme ses promesses. La foudre: signefie
more: les tribulations La grant greele: les greues

Et un grant signe aparut en ciel · une
femme coverte del soleil · e la lune de surz
les piez · e en sun chief une corone de .xij. estel-
les · Et estoit grose d'enfant e cria · e fu turmen-
tee pur enfanter · Et un autre signe est veu
del ciel · E si est uns un grant dragun rus qui a-
veit .vij. testes · e .x. cornes · e en ses testes .vij.
corones · Et en sa cue trest la tierce partie des
esteilles del ciel · e les envea en terre · Et li
dragun esta devant la femme pur devorer
sun emfant quant ert nez · Et ele enfante
un fiulz masle que estoit a governer tutes
genz enverge de fer · Et sun fiulz est ravi a
deu e a sun throne · Et la femme s'en fuit en desert ·

La femme · signefie seinte glise que glose
est afublee de ih'u crist qui est verai soleil ·
e la enlumine de sa grace · Par la lune que
est de surz ses piez · sunt signefie ces temporeus
choses dunt seinte glise deit estre sustenue en
ceste vie mortele e ne doit pas coveiter · La co-
rone de .xij. esteilles · signefie les seintes al-
mes que sunt conquises p' preeschement des
.xij. aposteles · Dunt le chief s' glise ceo est ih'u
crist · est aviranunez · La semence dont ele est
grosse · est la parole deu · l'anguisse quele a
d'enfant · signefie la preire de vie · que li bon
preeschur avereient p' les autres convertir · Le cri-
er · signefie le preeschement · Li grant dragun
rus · p' l'omecide · P' les .vij. testes · sunt signefie li
signefie le diable que est de grant poer e est tous
tyrant p' quil oevre · P' les .x. cornes · les richesces del munde dunt li prince guerreient les .x.
commandemenz deu · p' la cue dont il tret la tierce ptie des esteilles del ciel · est signefie lucefer
dont il fet multz genz perir · Ceo quil les envea en terre · signefie quil les met en avarice pur
lur luxure meintenir · Ceo que li dragun esta devant la femme pur devorer sun enfant · sig-
nefie que li diable est apareillez e en aguet de devorer les fiulz de seinte glise p' pecche qui il sun-
nez par baptesme le fiulz masle signefie ih'u crist que est ravi a deu sun pere e a sa ascensiun ·

ou ele a sun leu
apareille de deu
ou l'en la peistra
mil .iiijxx. e cc e
lx.

Quant bataille est fere en ciel: Michael
e ses angeles se cumbatent en cuntra
le diagun e ses angeles. E le diagun ne ses
angeles ne li point contre ester e ne trove
tient mes lui en ciel.

Ceo que la bataille est fere en cuntre glose.
e le diagun en ciel: signefie que quant le
diable a saint seinte glise: li angele nostre seig
nur li uiennent a succurs e le descunfisent.

Ceo que la femme sen fui en desert: signefie que seinte eglise se depart des deliz del munde:
e de la noese en uie de penance. E u la pest deus de pain espiritel. tanz des turz quil amuntent
anz e demi. que antecrist regne ceo est turz les turs de ceste uie. kar tant dure la gerre au diable.

Et cel grant dragun li ancien serpent ici que est apele diable z sathans qui deceust tut le munde est gettez aual en terre z ses angeles sunt enueez oue li. Et ore oi la grant uoiz en ciel qui disoet ore est fet. Salu z uirtu z le regne nre deu z poer ihu crist. Il acusere des freres est abatu qui les encuset deuant la face dieu nuit z iur. Et il uenquirent par sanc al agniel z par la parolle de so tesmoig. Et nunt mie ame lur uies desque a la mort. Por ceo choissez uos ciel z qui i habitez. Wai a la terre z a la mer por ceo qui li diables est descenduz a uos a grant ire z set quil a pou de tens.

Ceo que li draguns est gettez en terre. Glose. z ses angeles sunt enueez oue lui. Sig nefie que li diables quant il faut des seinz hommes en seinte glise sent part desconf tr pur ceo quil se sunt amendez p ses tribu lations. Lors assaut il plus egrement ces ho mes qui sunt abandone au terriennes cho ses. La grant uoiz quil oi en ciel signefie la ioie de seinte glise z les graces que ele rent a deu quant ele a ueincu ses tribulations par pacience z ceo recognet que ce est p la passio ihu crist z par la fei que ele croet z p ueraie pe nance z ceo que la uoiz dist que li diable des cent a grant ire pur ceo quil set quil a poi de tens signefie que les anciennes se deiuent mult guter kar tant cumil aprochent plus la moir z tant est le diable plus angoissus pur eus encumbrer de pecchie kar tant a il mendre tens.

Et quant li dragun ueoit quil est abatuz
en terre. Si guerrae la femme que
enfanta le masle. Et a la femme sunt done
tous eles grinz degle por uoler en deserv.
en sim liu ou ele est noirie. p un tens. 4. ij.
tens. 4 demi tens

Et que li draguns guerroie la femme. Glose.
Apres ceo quil est gettez en terre. signefie
que tout soer le diable une foez descumfit.
pur ceo ne lesse il mie. quil ne assaille autre
foez. par les. ij. eles degle que sunt donnes
a la femme. sunt signefiez les. ij. testamenz
p qui enseignement seinte glise fet penance.
4 se met loing de la serpent.

Et la serpent lança de sa bouche apres [lur]
la femme une eue ausi comme une
fleuue por li retrere par le fleuue. Et la tre
aida a la femme. et ouuri sa bouche. et tras-
gluti le fleuue que li draguns. enuea de sa
bouche.

Ceo que li serpent enuea de sa bouche. glo
apres la femme. signefie tribulation q se
diable brace en seinteglise. Ceo que la terre
ouri sa bouche. et transgluti leue. signefie
que li seint home que sunt tre p humilite
et establite. plur orisuns anientissent

les tribulations que diable enuae. ou en autre maniere. Par leue est signefie richesse. q
diable enuae acune foez en seinte glise. quant il ne pout destruire par tribulation. mes
la tre ouri sa bouche. ceo sunt li couertus. qui transglutissent les richesces. si que li bon
fiz de seinte glise remaignent en pouerte. et ne tint garde.

Er li draguns se corruce vers la femme
z sen ala cumbatre as autres de sun lixt
lignage que gardent les commandemenz
deu z unt le temoing ihu z se alist sur la
gravele de la mer.

Ceo que le dragun se courruca vers la Glose
femme z sen ala cumbatre oue les auts
de sun lignage signefie cumme auant q
que il failli as genz de haute uie. Il se pred
as plus bas. que unt la fei receust z se gar
dent de pecche mortel z de ceus ne uint il fors souuement iceus. qui ne portent fruiz de bone
pettre z sunt signefiez p la gravele de la mer ou il se sist.

Et ge vi une beste munter de la mer. xxi. qui aueit. vij. testes z x. cornes. z sur les cornes. x coshes z sure les testes nuns de blastenge z la beste resembleit lepard. z aueir pates come de urs z sa gule comme de leon z li dragun li donna sa uirtu z sa grant poessance. Et ge vi une de ses testes. ausi come ocise z morte

Ceo signefie que li deable prent compaignie des princes del munde z de ens esforce si ose la bataille en cuntre seinte glise. Par ceo que la beste resembla lepard. que est de diuise colon sunt signefie. li heriie z li ypocrite que sunt de diuers entendement en error. Et maniue de denz z aperent bon de hors. Par les pates de urs. sunt signefie li cruel rauissent. Par

la gule del leon. les manaces as orguillus poessanz z sun. grant poer signefie que li diable merra en antecrist z ces siens. tant de mal. cum il porra z savera por les autres honurr. la teste que fu ausi comme ocise z morte signefie antecrist. qui se tendra mort.

Et la plaie de la mort est garie ⁊ toute la
terre: se enmerueille ⁊ suiuent Gixt
la beste ⁊ aorerent le dragun: pur ceo quil
donna tel poeste ala beste.

Et deuendra mort ⁊ reuendra le tierz glose.
tura a uie.

E aoierent la beste ⁊ diſaent· qui est
ſemblable a la beſte? ⁊ qui porra ove
lui cumbatre?

Et par ceo croerunt les genz que
il ſoit dieus? ⁊ le aoriunt· ⁊ le diable·
en lui·

Et li est otroee de parler hautement:
et dire blasphemes. et poer li est done de
mal faire quarante ij. mois. Et la beste ou-
ri sa bouche en blasphemes en cuntre deu por
blasphemer sun nun et sun tabnacle et ceus
qui habitent en ciel. Et lui est otroie defere
bataille encuntre les seinz et ueintre les: et
poer li est done en totes lignees et poeple de
langue et genz et tuz ceus qui habitent en
terre. le aorunt q nuns ne sunt pas escrit
en liure de uie del agniel. qui est ocis des le
comencement del munde. qui a oreilles: si es-
cute. ki mene autre en chetiuesuns. enchei-
tiuesun va. ki autre ocist de espee de espee se-
ra ocis. ci est la patience et la foi de seinz.

Ceo que li est otroie de pler hautement:
signefie quil dira quil est dieus. Et par
enchantement fera q diables lenporterunt
en laer. ausi cum il muntast en ciel. Ceo que
li est otroie defere batailles as seinz et ueintre
les: signefie q nre sire lesse au deable les cors
des seinz por torment autun tens. p les ames
eshaucer. si come est escr el liure job. la tre
est bailee au mains au feluns. Ceo que cil
le aorent qui habitent en tre. signefie que
cil serunt obeissant a lui que trop aiment
cez terriennes richesces. ceo que lur nuns ne
sunt mie escrit en liure de uie. signefie quil
ne se conformerunt mie ala uie de la croiz.
Ceo que li agniel est ocis des le commencem-

del munde. signefie que nre seignur fu tormente es siens des le commencement del munde. si co-
me en Abel le premier ocis. Ceo quil semunt de escouter nus amoneste que nus serum garniz
et que nus cremium pas peine corporele ne ne doigsum male essample as autres. kar li messfair
emporterunt la peine et cil qui sueffrent les peines et les tormenz en la psecuriun. auerunt hau-
te corone p la ferme foi et por lur patience

Et ge vi un autre beste muntant de la
terre ⁊ auoit ij. cornes qui resembleient
de agnel ⁊ parlot si comme li draguns ⁊ fe-
soet tut le poer de la premiere beste deuant
lui ⁊ fist ceus qui habitent en terre aorer
la premiere beste plaie que fu garie de mort
⁊ fist meintes miracles. Issi quil fist le feu
descendre del ciel en terre veanz trestuz les
habitanz en tre ⁊ sudoioit les habitanz
en terre par les miracles que len li suffrer
a fere tieant la beste.

Par la beste qui munta de la terre sururble
signefie li deciple antecrist que munte se-
ront a preescher pur chose terienne les ij.
cornes que resemblent de agnel signefiet
les ij. testamenz de p quil se auoerunt fan-
sement ou il signefient nere uie ⁊ uerme
dotrine quil feront entendre quil auerunt
⁊ il ne la auerunt mie. Ceo quele parlot
comme li draguns signefie que lur prees-
chement sera por autres deceure si come
la serpent deceut eue Ceo quil fit le feu

del ciel descendre en terre deuant les genz signefie quil ferunt quider les genz p enchan-
tement ⁊ lur ferunt aparuer que li seinz esperiz descende en eus en semblance de feu
si comme il fist es deciples Mes il le ferunt a ueue de genz ⁊ li deciple primeement ⁊ si par
fantome ⁊ li deciple tricheiment Par les habitant en tre sunt signefie li auer qui unt les
queors tut donnez as terriennes choses

Et difoent a ceus qui habitent en terre[·] quil feïffent une ymage a la befte a la plae del efpee · ⁊ vit · ⁊ ſi ſi fuïent · ⁊ al yma ge de la befte donna il efpirit · ⁊ le fift parler · Eſt que tuit cil qui ne aorent la befte facent ocis ·

Par le ymage de la befte funt ſignefie glofe li faus p̄lat qui funt fet par le confeil ⁊ plentivement de ceus qui querent ces tempo reus chofes · Li efpirit de parler que eſt done al ymage · ſignefie le poer de manere quil receuent p̄ la cheiſun de la dignete · Ceo que ſignefie que evtanment funt efcomigez · ⁊ ve

cil funt ocis qui ne voelent aorer le ymage · ſignefie qu[e] nitz meintenant por rebelles cil qui ne voelent confentir au mauues p̄laz ·

Et fera la beste trtz ensemble petrz z granz
riches z poures frans z serfs auoer brxt
le merc dela beste enlur main destre ou en
lur frunz z que nul ne puisse achater ne
uendre sil neir le merc de la beste ou sun nō
ou le numbre de sun num. Ici est sauoer q
a entendement a cunte le num de la beste
kar numbre de home rest z sun numbre
est sis cenz sexante z sis.

Ceo que la beste fist trtz mercher en labloe
main destre ou en lur frunz signefie q
tuit petit z grant se confermerunt en cunte
z en cuntenance a antecrist z qie se confer
ment au mauues plaz. Ceo que nul ne put
achater ne uendre sil neir le merc ou le nū
de la beste signefie que nul na poer en seinte
glise de rentes doner z receure sil not merc
de parente ou anoerte par secutse. Ceo quil

dist que sun numbre est sis cenz sexante sis signefie que auisi comme le fiutz den asaue
nue por nus sauuer. fiu z est ueraie lumiere qui en lumine tuit ceus qui bien croient en
lui de sa grace tout ausint le fiutz de portum quitt il uendra pur le poeple deceuure z mes
apduitun sera dit lumiere fausement. Pur les trtrz quil fera z por essample quil dorra
z ceo signefie les leures del numbre de sun num. kar d signefie cinc cenz. c un cent l cin
quante. x dis v cinc j un. Ore juingnez les leures de cest numbre z mestez i entre d
e c si auerez duc mettez v entre l e x e auerez lux. Dunc pour len dire le numbre de sun
num que est de lxvi dit auant comme lux ceo est dit lumiere. kar antecrist sera fausemēt
dit lumiere si comme uinerist ueraiement est lumiere.

Et ge ui estevos un angnel estut sur
le munt de syon 7 oue lui cent 7 quarante
7 quatre mile qui unt le nun del agnel 7 le
nun de sun pere escrit en lur frunt. Et ge
oi la voiz del ciel ausi comme voiz de multz eue
7 ausi comme grant tonerre. Et la voiz que
ge oi estoet ausi comme de harpeurs que har
pent en lur harpes 7 chantoent ausi come
chantun nouele deuant le siege 7 deuant les
quatre bestes. Et les maiurs 7 nul ne poet
dire la chantun. fors cil cent 7 quarante 7
quatre mile que sunt achate de terre. Ceo
sunt cil qui ne sunt pas enordiz oueques
femmes. kar uirges sunt 7 suiuent le agnel
el ou que il voit 7 mençunge nest pas trouee
en lur bouches 7 sunt sanz tache deuant le
throne deu.

Par le agnel est signefie Jhesu Crist qui pur nus
est sacrefiez. Par le munt de syon est glose
signefie seinte eglise a ki li agnel uint a sujurs.
Par le cent 7 quarante 7 quatre mile que
unt le nun del agnel 7 le nun de sun pere escr(it)
en lur frunz sunt signefie li seint que unt
en ceste uie la foi del incarnatiun nre seign
7 la foi de la trinite 7 la regeissent apvement
deuant les tyranz de ce munde. Par la uoiz
des multes eues est signefie la uoiz de ceus
que unt lur pecchez plore en ceste uie par
uerraie contritiun. la uoiz de la grant tonerre
signefie la uoiz de ceus qui deu crerement
7 les manaces del iugement en ceste uie 7
lessent les maus afere pur deu 7 pur sa creinte
la uoiz de ceus q harpent signefie la uoiz de
ceus q deu aiment docement en ceste uie 7 pur

entendre a ses amurs le mettent en penance come la bone gent de religiun la nouele chançon
quil chantent signefie la ioie de parais quil desirent q tuz iurz est nouele 7 freche Ceo q nul
ne la poet chant fors icil que sunt achate de tir signefie q nul na ceo deit fors cil q se asaierent
en la passiun nre seignur ihu crist. Ceo quil dit que ceo sunt cil qui ne sunt mie enordiz oue femes
signefie quil ne unt tache des deliz de la char ne del munde. Ceo quil suiuent le agnel p tout la
u il uet signefie quil conferment lur uie a la uie ihu crist en tere. Ceo que mençonge nest mie trouee
en lur bouche signefie quil diseut a bon tur lur langue 7 enseignent bien lur proime p doctrine 7 bone
essample. Ceo quil sunt sanz tache deuant le throne deu signefie quil sunt de pure osciente 7 nette uie

Er ge vi un autre angle uolant par mi le ciel.
qui a le uuangile que tuz iurz durra. ξριστ.
Er preesche a ceus. qui seent sur terre ⁊ a tutes
genz. ⁊ lur dist a grant uoiz. Creimez nostre
seignur. ⁊ le honourez. pce que la houre del iu
gement uient. ⁊ aorez celui qui fist ciel. ⁊ tre
⁊ mer ⁊ totes choses. que en eus sunt. ⁊ les
funtemnes de eues.

Ce le autre angle uolant p mi le ciel. glose.
lunt signefie li preescheur nostre seignur.
Ki par les eles de bien enseignier ⁊ de bien
ourer sunt plus haut des autres en seinte
glise. ⁊ uiunt de lui enaume. pr preescher le
uuangile de uie pdurable a totes genz. ⁊
creindre deu comme seignur. ⁊ lesser les
maus a fere pur lui ⁊ lui honorer p bone
uie ⁊ p bien fere.

Et un autre angele le siuit ⁊ dist cheez
est choer babylone cele grant que ⱛxt
en furoer totes genz del uin del ire · de sa for
nicatiun·

Li secund angele ki dist chaer est chaer est
babyloine signefie que li preescheur ⁊ glose
garnissent seinte glise ⁊ li dient que la gent
del munde que est signefie par babyloine
chartont en dampnation de cors ⁊ de alme
pur les pechiez quil funt ⁊ les mauueses
essamples dunt en uiuent autres·

Or li tierz angele suist les autres ⁊ dist
a grant voiz. Tuit cil qui aorerunt la beste
⁊ se ymage ⁊ receverunt sun merc en lur
frunt ou en lur main. il beverunt del vin
del ire deu que est mellee de lie ⁊ seront tor-
mentez de feu ⁊ de soufre devant les angeles
⁊ devant le agnel ⁊ la fumee de lur torment
muntera sanz fin ⁊ naverunt repos ne jur
ne nuit. Ici est la pacience des seinz que gar-
dent les commandemenz deu ⁊ la foi nostre est

Ceo que li tierz angele qui suit les autres
dist a grant voiz que tuit cil qui glose
aorerunt la beste ⁊ se ymage ⁊ tuit cil qui re-
ceverunt sun merc en lur frunt ou en lur
main beverunt del vin del ire deu signefie
cil qui sunt entechez de la fause doctrine atre-
trist ou confourment lur vie a ces deciples
que sunt li faus prelat ⁊ li faus clerc il beve-
runt le truble voerre en enfer pur les de-
licius mangers ⁊ les delicius voerres que il
unt ci ⁊ la pueur de enfer por la luxure ou
il se deliterent ⁊ ceo durra sanz fin.

Et ge oi la uoiz del ciel · qui me dist· Lyxt· escriuez· Cil qui morent en nostre seig/ nurie sunt beneure· Des horemes dit li seit esprit· quil se reposent de lur labours· kar lur oeures les siuuent·

Ceo que la uoiz dit que cil que morent en nostre seignur · sunt beneure sig·Glose nefie que si comme lame au uerai crestien que moert en uerae confessiun· par la mort uient en repos· tout ausi en seinte glise cil qui sueffrent tribulatiun p lamor nostre seignur· quant la tribulaciun est pas see il en unt grant ioie en lur quers· ceo q les oeures les siuuent · signefie que nostre stre bone plus corone · que home ne puis se deseruir·

Et qe ui esteuos une nue blanche · 7 sur la
nue · seet ausi come le funtz de la uirge
7 auoet en sun chief corone de or · 7 en sa tyr
main faucile ague · Est un autre angele
issi del temple · 7 cria · A grant uotz a lui q
siet sur la nue · Met ta faucile eu ble · kar
le houre est uenue de messouner · kar li
blez est tut meur · 7 cil qui seet sur la nue ·
mist sa faucile en terre · 7 sia la terre ·

La nue blanche signefie · la nere char glose
ihu crist · ou ele signefie les seinz en qui
ele se repose · 7 qui iugerunt oue li · Par la
corone de or · est signefie le sauuer deu · par
quei il uenqui le diable · P la faucile ague
est signefie le iugement trenchant · par le
autre angele sunt signefie li seint · ceo que
issi del temple · signefie quil aparrunt lors
glorieus · qui en ceste uie furent pur dieu

ui tenuz · Ceo quil seruunt nre seignur de mestre sa faucile eu ble · signefie quil desiruent
la compaignie des seinz · qui sunt en terre 7 des autres · se acordent a la iustice deu · Ceo que
li blez est tut meur · signefie que la cruelte 7 la malice des ennemis de seinte glise est alez
muntee quil mete sa faucile en terre 7 sie · signefie que nre sire au iugement · seuera les
bons des mauues · 7 ceus qui serunt ble · mettra il en sa grange · Et ceus qui serunt estou
bles · e sunt enraciiez en terriennes choses · test il au feu pur arder ·

Et un autre angele issi del temple que estait
el ciel. ⁊ cil raueit faucile ague. ⁊ un autre uint
issi del autel. qui a poste sur feu. ⁊ sur eue
⁊ cria a grant uoiz a celui que a la faucile a
gue. ⁊ disoet. Met ta faucile ague. e uenden
ge les grapes de la uigne de la terre. kar eles
sunt meures. ⁊ li angle mist sa faucile en
terre. ⁊ uendenga les uignes de la terre. ⁊
les mist en le grant lai. la grant fosse del ire
deu. ⁊ sunt foulees hors de la cité. ⁊ en issi sanc
del lai. des que as freins des cheuaus.

Ceo que li autre angele a faucile ague si
comme li premiers signefie que le glose
seint ourt iugemement oue nre seignur.
Par langele que issi del autel. ⁊ a poste sur
feu. ⁊ eue. sunt signefie. li plus haut seint.
si cume li apostele. ⁊ li martir qui furent sacre
fices a deu de lur cors. ⁊ ore unt poer delier. ⁊
de deslier. Par la uigne sunt signefie en sete
eglise. cil qui unt hautesce ⁊ sauoer si come
auaent p la terre la basse gent. Ceo qui com
manda a uendenger les uignes de la terre.
signefie que len deseuuera au iugement.

les maunes des bons. ⁊ les mestra um un grant
fosse del ire deu. le fouler signefie la grant peine ⁊ la grant hunte que cil auerunt. ke ci auai
ent hautesce de uignere ⁊ sauoer ⁊ tut le tur neruno an terriennes choses. ⁊ a maunes deliz
Ceo quil dist de hors la cité. signefie que ceo nest pas peinne pur gawere. einz est pdurable.
Ceo que li sanc issi desque au freins des cheuaus. signefie que la peine ⁊ les dolurs munterent
desque a ceus qui deuissent les autres gouerner. Ceo sunt li prince. ⁊ li grant plat.

Et ge vi un autre signe en ciel grant e merueillus. Set angeles que tint les set plaies darrienes en que la ire deu est acheuee. En apres vi ausi come une mer clere comme voarre meslee de feu e ceus qui aueient veincu la beste e se ymage e le numbre de sun nun esteient sur la mer clere come voarre e aueient les harpes deu e chanterent la chançun Moysi le serf deu e la chançun al agnel e disoient sire deu tuit puissant tes ouures sunt granz e merueilluses. E sire roi de tut le siecle tes uoaes sunt droites e veraies qui ne creindra sire e magnefiera tun nun. Kar uos sul estes piteus e pur ceo tutes genz uendrunt aorer deuant uos kar uoz iugemenz sunt apertz.

Par les set angeles sunt signefie li prescheor de la foi qui dampneront ceus qui ne la uoldrunt receivre. La mer clere comme se uoarre signefie le baptesme ou li peche fu lauee. La mesler de feu signefie que la grace del seint espirit i est donee. Ceo que cil unt la beste ueincue e se ymage e le numbre de sun nun e esteient sur la mer signefie que cil qui ueinquent les temptaciuns del diable e de antecrist e del munde si receuerunt le innocence del baptesme par ueraie penance que est signefie par les harpes deu e par garder les commandemenz del uiel testament e del nouel. E ceo est chant la chançon Moysi e la chançon al agnel. Ceo quil regehissent que les ouures nostre seignur sunt granz e merueilleuses signefie quil en-

tendrunt lores parfitement les ouures de sa recreatiun que sunt merueilleuses. Ceo quil disient que ses uoaes sunt droites e veraies signefie quil entendront quil sunt sauuez par ueraie creance e par garder les commandemenz deu en droite uote. Par ceo quil dient qui ne te creindra sire signefie que la creinte de deu quant a cele partie de reuerence post a nostre seignur remeindra as seinz pardurablement oue lamur quil unt uers lui. Ceo quil dient il sul est piteus signefie qil sentirunt que nostre seignur par sa grant pitie rendra plus grant merite e guerredon en glorie e meins torment en peine que len noet deserui e par ceo tutes genz le aorerunt.

Et apres ceo vige le temple ouert en ciel. ⁊
issirent del temple li set angele que tin-
rent les set plaies. uestuz de purpre neste ⁊ blã-
che ⁊ furent ceint entur le piz de ceintures
de or. ⁊ une des quatre bestes bailla as set an-
geles. set phioles de or. pleines del ire deu ui-
uant sanz fin. Et li temples est empli de fu-
mee de la maieste deu. ⁊ de sa uertu ⁊ nul ne
poest entrer eu temple des ke les set plaies au
vij. angeles fusent acheuees.

Le ouerture del temple signefie que les se-
crez de sente glise sunt demustrez. Glose
ples preescheurs que sunt issu en toutes tres.
la uesture de purpre neste ⁊ blanche signe-
fie la neste char ⁊ la ittu quil unt. p mal
suffrir le cendre a la peitime de ceinture de
or. signefie le sauoer deu quil unt p que il
se restreignent de mal uoler ⁊ ceo est netete
de espirit. Ceo que lune des quatre bestes
bailla les phioles. signefie que tuz les qut

euuangelistes en seignent un ⁊ pur ceo eu qui ne ueolent receuoer la doctrine que est aperte
ne prendre essample de la uie an seintz sunt digne de estre dampnez. Ceo que li temples est em-
pli de fumee de la maieste deu ⁊ sa ittu signefie que noste sire ⁊ li sien. tint apertnt au iuge-
ment en clarte ⁊ en gloere as bons ⁊ il parront as autres obscurs ⁊ hidus. Ceo que nul ne po-
et entrer ou temple desque la uenchance fust prise signefie que les cors as seintz reposerunt
en tre desque au iugement. Ke nuns sunt liure en herbes a releuer de mort en uie oueke eus
une autre maniere. la fumee ⁊ le nun poer de entre ou temple. signefie que deske a cele hure
nul ne set le segre del iugement deu. pur quei il choesit les uns a gloire ⁊ guerpist les autres.
a dampnatiun

Et ge oi la grant voiz del ciel que dist .J. xr.
au set angeles. Alez z espandez les set phi
oles del deu: enterre. Et serjua li premier z
espandi sa fiole enterre z fer une cruele pla
ie as hommes qui aueient le merc a la beste
z as ceus: qui aorerent se ymage

La grant voiz del ciel qui dist as set olose
angeles. alez z espandez les set phioles del
tre deu enterre: signefie le commandement
deu as angeles de prendre uenchance des mes
fesanz en terre par la cruele plaie que est
fere as hommes qui unt le merc de la beste
est signefie la dampnatiun de ceus que p̄
lamur des triennes choses sunt inobedient
as commandemenz deu z se prennent a an
tecst z ceo est la merc de la beste z que unt
pris essample de granz hommes de ce muide
z ceo est amer a oir le ymage de la beste

Et li secund angele espandi sa fiole en la mer ⁊ est fete sanc ausi comme de homme mort. Et muert quanq est en la mer. Glose.

Ceo que la phiole au secund angele est espandue en la mer ⁊ fete sanc signefie que cil del munde serunt dampne qui trubleret les seinz ⁊ les turmenterent ⁊ sera lur peine sanz fin.

Et li tierz angele espandi sa fiole sur les flueues ⁊ sur les funtainnes ⁊ eus deuiennent sanc. Et ge oi langele des eues qui dist. sire deus droiturers estes qui ceo auez iuge que a ceus qui unt le sanc des seinz espandu donez uos sanc a beuere si come il unt deserui. Et oi un autre qui conferme ⁊ dit oil. Sire deus uerais ⁊ droiturers sunt uoz iugementz. Glose.

Ceo que les flueues ⁊ les funtainnes deuindrent sanc p la fiole au tierz angele que est espandue signefie que ceus serunt dampne que unt corrumpu les escriptures ⁊ unt turne la douceur del espiritel entendement en ordure de charnel sens. si comme funt li herite ⁊ cil qui preeschent pur temporeus choses ⁊ cil qui turnent le uuangile en plederie. Par le angele des eues sunt signefie le seint au ciel que unt ioie de la iustice nostre seignur. par lautre angele ceo est le angele des uertz sunt signefie li seint en ceste uie qui sunt en uent de tribulatiun ⁊ temptatiun. Cil loent deu ⁊ rendent graces quar il flaele seinte glise kar il entendent q ce est p nostre bien

Et le quart angele espandi sa fiole eu le
soleil ʒ l en li sueffe de tormenter les hom-
mes p chaline ʒ p feu ʒ il eschaufent les
hommes de grant chalur ʒ il blasphemec
le hun deu qui a poer sur plaies ne il ritint
pas fec penance pur rendre gloire a deu.
Ceo que li quart angele espandi Glose
sa fiole eu soleil signefie la dampna-
tiun antecrist ʒ de iceus qui par ces tormez
guerpirent la foi ʒ puis ne tiennent a re-
penance

Et le quint angele espandi sa fiole sur
le siege a la beste ʒ sun regne est fec tenebrus
ʒ il mangerent lur langes de dolurs ʒ blasfeme-
rent deu du ciel pur lur dolurs ʒ lur plaies ʒ
ne furent point de penance de lur eoures. Glose
Ceo que li quint angele espandi sa fiole sur
le sege a la beste signefie la dampnatiun au
deciples Antecrist qui sunt signefie p sun sie-
ge iceus meimes sunt regne que est fec tenebri
pur les tenebres de mescreantise en quei il serot
le mager de lur langues de dolur signefie len-
tue quil averunt enuers les seinz Et pur ceo
blasfement deu Quant illes chastieru par
flael ʒ au darrien pur ceo quil ne retiendrunt
a repentance

Et le sisieme angele espandi la fiole en icel ceu grant fluue de eufraten. Et en sechist lewe por apareiller uie as rois deuers orient.

Ceo que li sisieme angele espandi sa fiole bloienz au grant fluue de eufraten signefie la dampnacion des tyranz et des riches homes de ce munde que par greisse des biens temporieus assuagent mes a la mort en sechist lewe. kar lores recenent il pouerte par richeces. Et quant il sunt abatu la uoie de la foi est deliure au cresiiens qui sunt signefie par les rois deuers orient.

Et ge ui de la bouche au dragun et de la bouche a la beste et de la bouche au faus prophetes eissir trois espirz orz a la maniere des reenes. Ceo sunt espirz de diable fesant miracles. Et iriunt auant as rois de toute la terre assembler les em bataille au grant iur de iur poessant. ki dist esteues ge ueng comme lierre. Et cil est bonure qui ueile et garde ses uestemenz ke il ne uoaise nu que len ne uoie sa lezdece. Et les assembleront ou liu que est apele en hebreu hermagedon. Glose.

A bouche au dragun signefie lenticement au diable. La touche de la beste les parolles antecrist. La bouche au faus prophetes. La fause doctrine de ces preescheors et des herires. De ces trois issent iij espirz orz ces sunt orguil couetisse et luxre. Icex resemblent reenes kar il habitent en ord liu. Et par le cri de lur fause doctrine uolent as autres lur reps. Ceo qui sunt miracles et assembler les rois en bataille signefie que ausi come diables par antecrist et ces deciples fera resembler miracles enchantemenz et esmouerunt les princes encuntre les crestiens tut ausi auient ilore en sainte glise que li diables par faus plaiz et faus clers fet miracles et meruelles si come de un enfant que ne set mie garder une pome fet il gardein de autres a mailler. Et corrumpe les princes par mauuese essample le ueiller a quei nostre sire nos semunt signefie droit entendement et bone uie que nos ne saium endormi par mauues deliz et aucunes couuertes choses. Le uestement signefie les uertuz que home receit en baptesme et puis euure uraie penance ceo que nostre sire dit que il uient come lierre signefie quil uendra sudenement au iugement. Le liu que apele en hebreu hermagedon signefie cel munde ou li diable par antecrist et ces deciples fera assembler les rois et princes et les metra en temptacium et les fera esleuer encuntre deu et encuntre sainte glise encuntre la foi et ceo signefie par ceo mot hermogedon que dit autant come ysurgens temptacio. Ceo est esleuant temptacion.

Et li setime angele espandi sa fiole l'air
en l'aer. Et une grant voiz issi del temple
et del throne et dit: fet est. Et sunt fet fouldres
et voiz et touneires et terremote si grant q
unques nul tel ne fu puis que hommes
furent sur tere. Et la grant cite est despecee
en trois parties et les citez des genz cheirent.
Et deu se remembra de la grant babyloine
pur donner li le hanap de la indignatiun et
se ire. Et toutes les iles se en fuirent et les
muntaignes ne sunt pas trouees et grant
greele chei du ciel grosse et pesant sur la gent
et les hommes blasphemerent deu pur grant
pestilence.

Ceo que li setime angele espandi sa fiole glose.
en l'aer signefie la dampnatiun des diables
que sunt signefie pl'aer. ou il habitent et pur ceo
quil sunt de subtile science. La grant voiz que
issi du temple et du throne signefie la grant po
essance de la parolle deu quil de mustera au iuge
ment. ceo quil dit fet est. signefie que la venchan
ce deu sera lores achevee et les fouldres voiz et to
neires et terremote signefie la grant tempeste
del iugement. Ceo qui la grant cite est despecee
en trois parties signefie que les trois parties
du munde vunt en dampnatiun. Et vius et li pa
en et li faus crestien. Et sunt diuerses les peines
solum la diuisete des pecchez. Le hanap del indig

nation et del ire deu signefie la mesure des peines que deu dona au pecheors de ce munde que
est signefie par la grant babyloine a chascun solum sa deserte. Ceo que tutes les iles sen fuirent
signefie que li bon crestien sunt environe de tribulation en ceste vie si come il fuirent ici la com
paignie des pecheors. Si fuiront il lores les peines. Ceo que les muntaignes ne sunt mie tro
uees signefie que li seint homme ne seront pas en la compaignie as dampnez. Si la grant gre
le pesant que chei du ciel est signefie laspre parolle et pesante que tre sire dira as dampnez.
Ceo quil blasfement deu p grant pestilence signefie que li dampnez en enfer se dodrunt
de ceo que nostre sire a si grant poer de eus torment.

Et uint une des set angeles qui auient lixc
les set fioles · 7 parla a moi · 7 dit · Venéz
ge uos musterai la dampnation de cele grant
bordelere · qui siet sur meintes eues · ote ki
li roi de terre unt fet lur fornicatiun · 7 cel
qui habitent en terre · se sunt enyuere du
uin de sa bordelerie · Et me porta en esprite
en desert·

Ceo que li angele moustra a seint Johan la
dampnatiun de la grant bordelere · signe
fie que nostre sire fet entendre au bon prelat
que la dampnatiun antecrist 7 de ces deciples
sera pur ydolatre 7 auarice 7 luxure · kar par
la bordelerie que siet sur meintes eues · est
signefie antecrist qui regnera sure mainz
poeples · Et li faus prelat qui couertent les

grantz richeces · que sunt signefie · par les eues 7 uiolent estre honure 7 cremuz en terre · plus
que a eus neapent · Ceo que li prince de tre unt fet lur fornicatiun oue la bordelere · signefie q
li lai prennent esample de antecrist 7 de faus religius · 7 des asez clers de uiuere en delices · le
uin de sa bordelerie dont cel sunt en iuere qui habitent en terre · signefie charnele sapience
que li auer 7 li deluuns unt pur querre temporeus choses · 7 charnel delit·

Et ge vi la femme seant sur une beste rouge Apoc. pleine de nuns de blasseme que auen vij. testes ⁊ dis cornes ⁊ la femme esteit asublee de purpre ⁊ aornee de or ⁊ de pierres precieuses ⁊ de gemmes ⁊ auen en sa main un hanap de or plein des abhominatiuns ⁊ delordure de sa fornicatiun auen en sun frunt ceste signefiance Babiloine la grant mere des fornicatiuns ⁊ des abhominatiuns de terre. Glose.

La femme qui seeit sur la beste rouge signefie a [...] ⁊ les siens qui metterent deliciose uie en ce munde. La beste que la porta signefie le deable que les maintient. Ceo quele estoit uestue de purpre ⁊ aornee de or signefie qu resemblent a la sote gent du munde. sages p les honurs ⁊ les richeces quil unt. Les pierres precieuses ⁊ le gemmes signefie titruz ⁊ bones eoures quil demusterunt a la gent p dehors du munde. Le hanap de or que ele tient en sa main signefie seinte escripture quil espunent ⁊ la tornent a la furme de lur uie. Ceo que le nun secre est escr en son frunt signefie ceo que seint Pol dist en le mangne des ypocrites. Par lur frunz les cognoetrez ce est par lur coutres. Et selun ceo quil profitent as autres en bien. Ceo ql dit Babiloine la grant mere des fornicatiuns ⁊ de abhominatiuns de terre signefie ke p deable ⁊ uanite du munde ⁊ malice des genz nessent mescreantise ⁊ tutes manieres de pecchiez en terre que len regeist a confessiun [...]

Et ge vi la femme iuere du sanc des seinz ⁊ des martirs ihu ⁊ mult me esmerueillai. Quant ieo la vi Et li angele me dist pur quet uos esmerueillez. Ieo uos dirai que la femme signefie ⁊ la beste que la porta qui a vij. testes ⁊ x cornes. La beste uos auez ueu. Ele nest mie ele murrum de abysme ⁊ ira en destrucciuns ⁊ sen meruelerunt cil qui habitent la terre qui nuns ne sunt

pas escrit en liure de uie des le commencement du munde ueit la beste qui fu ⁊ nest pas. Ici est sen qui a sauoer. Les vij. testes sunt vij. munz sur que la femme siet. Et sunt vij. rois. Li cinc sunt chaet ⁊ li uns est. Li autre mest uenu encore. Et quant il uendra il couient quil demore pou de tens ⁊ la beste que fu ⁊ nest mie ele est la vyteme ⁊ si est une des set ⁊ uet a mort. Et les x. cornes q uos ueites sunt x. rois qui ne unt mie uncore receu regne. mes il receuerunt apres la beste pur ausi come rois une hoerete. Cist unt cunseil que lur uirtu ⁊ lor per liuarrunt a la beste. Cist se cumbatrunt oue le agniel ⁊ le agniel les ueintra kar il est sire des seignurs ⁊ rois des rois ⁊ cil qui sunt oue lur sunt apelez ⁊ esleuz ⁊ feel ⁊ me dist li angele. Les eues que uos ueistes ou la bordelere sist sunt diuerse gent ⁊ les x. cornes que uos ueistes en la beste. Ices ces harrorunt la bordelerie de la femme ⁊ la serunt desconfortee ⁊ nuen mangerunt ces chars ⁊ la arbrunt en feu. Kar deu a mis en lur quers quil facet ceo que lur plest ⁊ quil doinsent lur regne a la beste. Des que les parolles deu seent acheuees. Et la femme ke uos ueites est la grant cite que a poer sur les rois de tere.

La yuresce a la femme du sanc des seinz signe Glose. que la grant uenchance que nre sire prendra des tyranz qui unt espandu le sanc des bons crestiens. ou ceo signefie la greue uenchance que nre prendra de la gent luxure ⁊ dou grant tolan que li sans clerc meinen de patremoene au crucefiz. Lemruueiller seint Johan signefie la compassiun des prodes hommes en seinte iglise quil unt de ceo quil uoient pecheurs si munir a lur dampnaciun. Mes seinte scripture que est signe fie p le angele les enseigne que ceo est p la iustice de deu ke p leur pecchiez. unt il deseruu quil sueint plus ⁊ que pur leur pecchiez

Apres ceo ui qe un autre angele descendant du ciel Text
que a grant poer. Et la terre est enluminee de sa gloi-
re. 7 il cria effortablement. 7 disoer. chaet est chaet est
babyloine la grant 7 est fete habitaciuns de deable 7 gar-
dein de chescun ord espirit. 7 de chescun oisel ord. p ceo que
tutes genz unt beu du uin de sa fornicaciun 7 li roi de
la terre unt fet fornicaciun oue li. 7 li marchant de la
terre sunt fet riches. de la uertu de ces delices. Glose.

Li Angele puissant que descendi 7 enluma la terre
7 cria forment 7 diset ij. foez. chaet est babyloine
la grant. signefie le fulz deu qui uint en terre 7 enlu-
mina seinte glise de sa foi. 7 preescha par parole 7 par
eoure la dampnaciun de ceus qui suiuient le munde en
cors 7 en alme. Por trois pecchez quil unt en eus. auarice
que est signefie par labitaciun du deable. luxure.
ke est signefie par la garde del ord espirit. Et p orguil.
que est signefie par le regard del ord oisel. 7 pur ceo que
sunt meimes ces pecchiez en autres quil corrumpent
par lur essample 7 ceo est sinefie par ceo que uient aps.
char par le uin de sa fornicaciun. est signefie charnele
sapience. que est pur gaennier. 7 ceo signefie auarice.
par la fornicaciun des rois. est signefie luxure. par
la uertu des delices. ambiciun 7 ceo est orguill. Text.

Et qe oi un autre uoiz du ciel que dist. issez de li mi
people. 7 ne soez parconer de ces mesfez 7 uos ne
recuerez point de ces plaies. kar ses pecchez sunt mi
te des que au ciel. 7 li sire se recorde de lur pecchez. Ren-
dez li si cũme ele rendi a uos. 7 dublez li dublе. so-
lum ses eoures. 7 le beiure. que ele uos mesla. meslez
li double. tant comme ele se glorefia. 7 fu en delices. tãt

li donnez turmenz 7 plurs. p ce que ele dist en sun quer
ge sie comme reine. Ie sui pas veoue. Et ne uerrai mes
chose dunt ge soie a malese. Pur ceo li uendrunt ces plaies
en un ior. mort 7 plur 7 faim 7 au feu sera liuree. kar fort
est li sire ki la iugera. 7 plorerunt 7 se pleindrunt sur li
Roi de la tre. oue li unt fet fornicaciun. 7 uht uescu en
ces delices. quant il uarrunt la fumee de sa arsun. esterunt
de loing pur la pour de ses tormenz. 7 dirrunt. Alas Alas
cele cite grant. Babiloine. cele cite forte que en un hore-
te est uenu tun iugement. 7 es destruite. Glose.

Ceo que la uoiz amoneste le poeple den issir de baby-
loine signefie que seinte escripture nus preeche 7
amoneste que nos ne conformium nre uie ne noz eou-
res ala grant multitudine du munde. Ceo que ele dist
que len li duble selun ces eoures. signefie que li aimi nre
seignur qui ci sunt tormenter en cors. iugerunt deus. q
les tormenterent 7 liurerunt a torment de cors. 7 de alme
Et p peinne de une horete. a peine pardurable. Ceo que
la uoiz dist tant comme ele se glorefia. 7 fu en delices. car
li donnez torment 7 plur ceo signefie que selun diuerses
pecchez serunt done diuerses peinnes 7 solun la grandur
des pecchiez 7 des delz. sera la grandeur des peines. 7 des tor-
menz. Ceo que ele dirge sui comme reine. signefie que li
pecheur du munde se glorefient en hautece. Ceo que ele
dit. ceo ne sui pas ueoue. signefie quil se glorefient en char-
nel delit. Ceo quil dit. qe ne uarrai mes chose dunt ge
saie en malese. signefie quil se glorefient en richeces. 7
pur ceo au ior de la mort. 7 au iugement lur uendra abel-
sement. que est signefie par la mort. 7 lur uendra sungleit
se que est signefie. par plur. 7 lur uendra suffrite de cute

Ii faut Glose. Text. 7 a nul signe la moiere. et le grand sulte knau

Et un angele fort susleue une pierre ausi come une grant mole 7 rua en la mer 7 dist. Asi grant Tyr [T]roes sera ruee 7 acrauantee icele grant cite babiloine 7 ne sera mes trouee. Ne uoiz ne harpe ne de estiue ne de luesine ne isera mes oie. Ne art ne menestraus ne sera mes trouee en lu ne uoiz de viele ne isera mes oie. Flumere de lanuerne ne iluira mes 7 uoiz de espous 7 de espouse ne isera mes oie. Pur ceo que ces marche anz furent princes de tre 7 pceo que en ces vanitez fo laierent tutes genz 7 le sanc des prophetes 7 des seinz est troue en lui 7 de tuz ceus qui tue sunt entre. Glose

[C]eo que li angele fort rua la pierre en la mer signe que Jhu crist ruera en enfer au iugement ceus qui aueient en ceste uie les quers durs par auarice 7 rou lerent enuirun comme mole p querre ces temporel choses 7 serunt tormente sanz fin pur diuers pechez que sur munterent. Par la uoiz de harpe est signefie le delit que le munde a en estrumenz. Par le art 7 les menestreus est signefie sotil engin 7 curiosite de ga agnier. Par la uoiz de la uiele sunt signefiez beiz 7 deli cius mangers 7 uiuures. Par la lumiere de lanterne est signefie toban de biau seruise du siecle en hostel. P la uoiz de espous 7 de espouse est signefie le delit de la char Ceo ke li marchant furent prince signefie que li haut homme du munde a force prennent la ou il ne deussent rien prendre si p lur seruise nun. Si come li cheualer p le pais garder 7 defendre li prelat 7 li precheur pur le peuple deu enseigner 7 en doctriner ou ce signefie que cil qui les autres deussent gouern 7 garder sunt quant il sunt p loper 7 par seigurie par la erreur de sa uani tre est signefie que les uns sunt corrumpu p la maniese

essample des autres. Ceo que le sanc des prophetes 7 des seinz i est troue signefie la cruaute de hauz hommes en ceu munde quil uint si use a seinz daimpueder

auuglez. Ceo quil dist que la beste fu 7 nest mie 7 mun tera de abysme signefie que la uenue au sauueur fu la po ore au diable quil aueit en terre abatue. Est reuendra au tre foez au tens antecrist. Mes nostre sire les conclurra p la uertu de lespurit de sa buuche si comme dist ysaie Ceo que cil habitent la terre se en merueillerunt de lui signefie que cil le receuerunt qui serunt tut done al amur des terriennes choses 7 a charnel delit. Les ser mu sur que la femme seeit signefie les set pechez morteus pq le diable set homme en orguil 7 esleuer sei en gr sun creatur. Li set roi par qui li diable gouuerne le ues 7 les mathe en enfer sunt li cinc sens del homme 7 li siste qui est la male uolente la setime q ne est mie uncore est antecrist 7 si meismes est le vitime qui passe tuz les autres 7 en pecchie 7 en peinne 7 cil est un des set p la compaig nie que il lur porte en pecher 7 en peinne suffrir. Par les x. rois qui serunt suggez a antecrist sunt signefiez li haut home du munde q guerraent p contre les x. comandemez deu. Tout unt un conseil ceo q le conseil du munde p conquerre a droit 7 si cort deliir suggez 7 de lur promis lur poer 7 lur uertu liuerent a la beste kar tut lur aage 7 lur sen despendent il ou seruise au deable. Et si cotre les rois de suz antecrist se combatirent ouec le aignel 7 a ses membres p eus tolir la foi tant est. Tout autsint cil qui sunt guerraient s eglise ne mie soulement eu temporieus cho ses mes espiritueumeut. Kar p les taillages 7 les coituses k il sunt destreinguent il la menue gent a pecher metuagui

Coment miserit un un banc a pluit celt glose par de la

Apres ceo oi ge ausi comme uoiz grant de meintes
gentes au ciel qui disoient Alleluia. Loenge et
gloire et uertu a nostre seignur. pur ceo que ses iuge
menz sunt uerais et droiturel qui a fet iustice. de la
grant bordelere que corrumpi la tere de sa grant bor de
lerie et a uenge le sanc de ses serfs. de ses mains. et autre
foiz disoient alleluia. et la fumee de li munte sanz fin.
Li uint et quatre maiurs cheirent a ual et les quatre
bestes. et aorerent deu qui sier sur le throne. et diserent
ensi Alla. et une uoiz issi du throne. et disent dites loen
ge a nostre deu tuz ses serfs et qui le cremez petiz et granz.

La uoiz que s. Johan oi ou ciel signefie la grant Glose
de s. eglise en ciel et en tere et rent loenge a deu par
la uictorie que ihu crist a eu del deable par sa mort. et par
la gloire de sa resurrection. et par la uirtu de son iugement
que si est droiturel et puissant. La uoiz que issi du thro
ne et semunt a loenge. signefie la uoiz del saint euuangile
que nus amoneste. que en uerraie foi et droite uie ren
dum a deu loenge et graces pur les biens quil nos
a fet. et quil nos fet en ceste uie et fera en lautre.

Il uendra au iugement. kar tut li iugement sur
conne au fuilz deu et li iuge sunt leal. Ceo quil dit que
les eues sur que la femme seet sunt plusurs genz
signefie que le plus du munde subturn au crist quant
il uendra. et que sunt encharnel delur. Ceo que les dis
cornes harront la bordelerie signefie que li dampnez
harront en enfer et reprocheront ceus par qui il sunt la
uentiz. si come il est escrit en psaume ceo quil dit que il
mangeront ces chars. signefie quil deliurront ou tor
mento de ceus par qui il sunt dampnez. Ceo quil dit
que il feruront la bordelere descortgoaton et nue signefie
que il entendrunt ke lurs peinnes ne auerunt ia fin.
Ie nule conte que aerit fet que ici resemblor bone
ne lur auera mester. Ceo quil dit que deus a mis en
lur quers quil facent ceo que lur plest signefie que
deus les suessre a uiure a cun tens. a lur plaisir. et quil
saent suggez par lur pechez au deable. et a les minis
tres en tere. desque les escriptures serent a cumplies.
La grant cite que est signefie par la femme signefie la gra
multitude des males genz du munde. Ceo que ele a
poer sur les rois terrienef. et ne mie sur les rois espi
ritels. Ici finit la Glose del premier signe

Et j'oï aussi comme la voiz de une grant oestine et aussi comme de meintes eues et aussi come voiz [de] granz toneires de ceus qui dient alla. Kar nostre sire deu tut puissant regnera. fesum ioie et leesce et donu gloire alui. Kar les noces al agniel sunt uenues et sa espouse si est aparissee. Et il est donne que ele se coeuure de teille deliee et clere et blanche. Ceo sunt les iustefiemenz des seinz.

Glose

Si comme la roie auant fu de la deliurance un dea[ble]. Ceste roie est de salu en seinte glise et de gloire que el unt qui sunt sauuez. Et li grant que sunt signefie par toneire et li petit que sunt signefie par meintes eues. La espouse al agniel seinte glise que est espouse ihucrist signefie. Sun apareement signefie baptesme et confession. La teille deliee et clere et blanche signefie les uertuz dunt ele est aornee. La cene al agniel signefie la roie de paradis.

A biens que est signefie par faim. Ces trois choses aueront les dampnez pardurablement encuntre les treis choses dunt il se glorefient en ceu munde hautesce de orguil et charnel delit et pleinte des terrienes biens. Encuntre les quels il aueront abessement ou puiz denfer et anguesse des tormenz et suffrete de tuz biens. Et o tut iceo le feu denfer que les ardra. Pur ardante uolente quil aueient en mal et ceo dur in sanz fin. Kar li iuges est fort. Ne purra estre flechiz par preiere ne par don ne par autre chose. Si come est escrit en liure salomon. Ceo que li roi de la terre pleindrunt la destructiun babyloine signefie le doel que li haut homme unt qnt il deiuent partir du munde pur les hautesces et les delices quil perdent. La fumee del arsun signefie les granz maladies que sunt message de la mort et du feu en quel iront. Ceo qui esterunt loing pur la pour des tormenz signefie la hidur de la mort quil unt pur les peines que les attendent. Ceo quil dient alas alas et pleignent la citee qui si grant fu et fort signefie la grant pite quil funt de lur grant lignage quil perdent et lur terrien poer et de lur pecchiez perir. On mient dis

Et li marchant uender suiuant la signe de ceste pite de terre ploururent sur li et marrount dol. ff ceo que nest hons que achate mes lur marchandise de or et de argent et de pierre preciose et de margarites et de bisse et de purp de seie et de colur uimaille et tote maniere de fust de tin et tote maniere de uessele de yuoire et tote mariie de uessel de peir precioise et de arein et de fer et de marbre et kanele et amonii et de odorement et de oignemenz et de encens et de uin de oille et de fleur et de forment et de iumenz et de otaisses et de cheuaus et de coutres et de serfs uendables et de alme des homes et des pomes del desir de ta alme de partiront de tei et totes crasses choses et tresdeueres periront de tei et mes iceles choses ne trouerom. Les homes qui riches sunt fez de iceus marchanz

Escrivez. Beneure sunt cil qui sunt apelez
a la cene des noces al agniel. Ces sunt les ue-
raies paroiles deu. Est ge chei au piez del ange-
le pur lui aoiere. 7 Il me dist. Gardez que uos
nel facez. Jeo sui seruant deu. ausi comme uos.
7 de uoz freres qui aportent le tesmoing ihu.
aorez deu. kar tesmoing de ihucst est espirit
de prophecie. Glose.

Ceo quil sunt beneure qui isunt apelez.
signefie que ceus isunt apelez qui sunt
auan disner en ceste uie. Ceo sunt ceus qui en
lui croient fermement en bien. 7 uiuent. 7
dignement receiuent le sacrement. de lautel.
Ceo que seint johan chei au piez del angele.
signefie humilite 7 obedience. de seinteglise
Ceo que li angele li deffendi. signefie que ho-
me seia pie agniel englorie. 7 o le agniel angle
deu acha. 7 le loera sanz fin. 7 ceo sera boneurte.

7 li marchant achatur qui esteient riche pur
li. esteront ioint deli pur pour destoement. 7 plore-
ront. 7 diront alas alas. Icele grant cite qui estoe
couerte de cheinse. 7 de purpre. 7 de cendel. 7 de oree de
or 7 de preciouses perres. 7 de gemmes. ke tut de ri-
chetes sunt destruites en une horette. 7 tut li goti-
neur. 7 tut cil q nagent eue doce. 7 li mariner q
ouerent en la mer. esturent de loing. 7 escrierent
gnt il uirent le liu de arson. 7 disient. Tele cite ne
fu onques. 7 mistrent poudre sur lur chiefs. 7 plo-
rerent. 7 crierent. 7 disaeut. Alas Alas. Icele grant
cite en que tuit sunt fet riche qui auient nefs
en la mer q en une horette. destruite. Et dit lauoiz
as angeles. 7 a seint apostles. 7 a prophetes qui
meinnent gnt ioie sur la cite. kar deu les auenge

Li marchant uendeur de terre. Glose. de li-
signefient les heritues 7 les ypocrites que pur
uin los du munde funt lur biens. Li marchant
a chateur. signefie les symonians. Cil sunt gre dol 7 grant hidur de la mort. gnt uient au morir. 7 se
plaignent. 7 se doillent. pur les faus biens quil perdent. 7 pur les uerais maus quil duuent. 7 dunt trec
ueront au iugement. le gouerneur. 7 le mariner. signefient les prelaz en seinteglise gnt. 7 peut qui
aiment hautesce terrene. Ceo qi mistrent poudre sur lur chief. signefie quil mistet couerture de terrene
choses. 7 richesses sur lur queor en lur pensee. ou ce signefie repentance tardiue. Ceo q la uoiz semunt les
angeles. 7 les seinz a faire ioie de la destruction signefie. qu seint au iugement se consentiront a deu. a dampn
les maluez. Et q seint home en s. eglise rendruit goes a deu. qur il enuoit tribulatiun en tre p pecheor chastier

Et ge vi le ciel ouert esteuos un cheual trt
blanc. Est cil qui sier sure a a nun leaus
z uerais. z ji uige oue dreiture z se combat.
Ses oilz sunt ausi come flambe de feu z enso
chief meintes corones. z a nun escrit. que
nul ne conuist se il nun. z estoer uestu de
robe a rosee de sanc. z est apele le fiuz dieu.
Et lost que est ou ciel. le siuueit a cheual
blans. z funt uestu de toille deliee z blanche
z neste. Est de sa bouche issi une espee tren
chant por destruire mescreanz. z jl goter
nera les genz en uerge de fer. z si a fole le pre
sur du uin. del ire deu. z a escrit en sa robe.
z en sa quisse. Roi des Rois. Est sure des seig
nurs.

Lis cheual blanc. signefie la char jhucrist. Glose
neste de pechie. ou la deite se achiert. Ses oilz
signefient les graces du seint esperit. Ceo quil
sunt comme flambe de feu. signefient quil en
luminent a croire z eschaufent a bien ouerer
Ceo quil or en sun chief meintes corones. signe
fient que p la uertu de la deite. a il poer de coro
ner les siens. solum lur deserte. La uesture a to
see de sanc. signefie les seinz martirs. qui pur
lui espandirent lur sanc en terre. le ost que est
ou ciel. ne suit a cheuaus blens. z a uesture bla
che signefie. seinte glise qui bien se cumbat en
tiunte le deable p humilite z p cointise. z en cuit
le munde. p pacience en aduersite. z p prudence
en prospite. z en cuntre la char. p droiture. absti

nence z austerite. de penance z neste enuelsuir deuertuz z destories coures. Ceo que de sa bouche
issi lespee trenchant de ammedous parz. signefie. que cil qui ne receuent sa predicatiun ne sa foi.
seront dampne en cors z en alme. Ceo quil a fole le pressuer du uin del ire deu signefie. que il
meimes suffri les anguesses de la mort en croiz p homme raambier de mort eniure pburable z
neskaer de pecche. z deliurer de peine. Ceo quil a escrit en sa robe z en sa quisse quil est Roi des
Rois. z sire des seignurs. signefie quil morrart en sa humanite quil fu z est tut puissant
ou ce signefie que li bon fuiz de seinte glise que sunt ausi comme sa robe. dunt il est aorne croier
tre fermement que il est deu z home.

Et ge un angele m estant ou soleil, et cria
a grant voiz, et dir a tuz les oiseaus [iceus]
qui volent p[ar] mi le ciel. venez et assemblez uo[us]
a la grant ceine deu por manger les chars
a nos et les chars acheuereins et le chars
au forz et la char au chevaus et a ceus ke se-
ent seure la char. a tuz les frans et les serfs
et les petiz et les granz.

Par le angele estant ou soleil sunt Glose
signefie li preescheur qui bien ouerent en
la fo ihesu crist. P les oiseaus sunt signefie li
seint homme qui unt lur quers a biens de
la sus. la cene deu ou il sunt semuns signe-
fie la gloire du ciel. Le manger et les chars des
uns et des autres signefie la grant delir que
li seint auerunt au iugement. destormenz
a dampnez.

Er ge un la beste· ⁊ les Rois de terre· ⁊ lur
ost assemble pur fere bataille oue cest
qui siet au cheuau blanc· ⁊ oue sunt ost ⁊
la beste est prise ⁊ li faus prophete oue li· ⁊
cil qui fesient les miracles puint il traist
teus· qui receurent le merc· a la beste ra
orerent sa ymage·

La beste signefie Antecrist· ⁊ li Roi de tie·
les aposteles· La bataille· signefie la psecun
on quil fera au crestiens· mes ihucst les des
truira· par sa parolle· Si comme dit ysaie·
Il ourra le felun· del espirit de ses lieueres·

Et sunt une cist dui tut vif en le estanc
de feu ardant et de suffre et li autre cyext
sunt ocis del espee que issi de la bouche celui
qui seet sur le cheval et tuit li oisel sunt sau
le de lur chars.

Et ruera lui et ses deciples ou feu ardant
de enfer et en la prior que est signefie bl ole
ple suffre est li autre qui averont en lui
seront dampne mes ne averont pas tuit
si grant peines et de ceste destruction avera
seint eglise grant ioie en ciel et en terre et ceo
est signefie par ceo que tuit li oisel du ciel
sunt saule de lur chars.

t ge ui un angele descendant du ciel
qui a la clef de abysme 7 une grant
cheene en sa main 7 prist le dragun le
ancien serpent que est deables 7 sathana
7 le lia par mil anz 7 le enuea en abysme
7 le enclost 7 mist seel sur lui. quil ne va-
ille mes la gent desquel mil anz saent
acumpli 7 achevez. Et apres ceo conuen-
que il seit deslie un poi de tens.

J angele descendant du ciel signefie
Jhu crist. Ceo qui a la clef de abysme sig-
nefie qui ouert la chartre de enfer a sens deli-
urer 7 quil ouere uncore les queors tenebrus
au pecheors pur eus receure La grant chee-
ne en sa main signefie la grant puessance
del courz de sa passiun 7 sa resurrection Ceo
que il lia le deable p mil anz signefie quil tol-
li poeste de mener les genz en mescreantise
de la hure de sa passiun 7 sa resurrectiun des-
ke la uenue antecrist Le seel quil mist sur
lui signefie le signacle de la croiz dunt crest-
ien se des fent de ses temptatiuns.

Et qe ui sieges ⁊ ceus qui se sistrent sure. Dix.
⁊ lur est donne iugement. ⁊ ceo ui les ames
au decolez pur le resmoing ihesucrist ⁊ pur la pa-
rolle deu ⁊ ceus que nunt mie la beste oie. Ne
sa ymage. ne unnt receu sun mere en lur frot-
ne en lur main ⁊ uiuent ⁊ regnent oue ihesu-
crist mil anz. Li autre mort. ne uiuent pas
desque li mil anz. seient acheuez. Et ceste est
la premiere resurrechun. Boneure est ⁊ seint.
qui a part de la premiere resurrechun. Cil nunt
garde de la secunde mort. Einz seront prestre
deu ⁊ ihau est. ⁊ regneront oue lui mil anz.

Ceo quil uir les seanz sur les sieges. Glose.
Signefie que come sathanas est liez. sein-
teglise regne. ⁊ est franche a deu seruir. ⁊ a obe-
ir as prelaz. ⁊ ceo qui passent de ceste uie par
uerraie confessiun. les almes regneront en
ihesucrist. ⁊ ceo qui morent en pechie mortel. lur
ames iunnt en peine. La premiere resurrecti-
on est del alme que pla grace deu releue de
mort ⁊ de pechie. La secunde. sera de cors au
iugement. ⁊ cil qui iunt pt en la premiere re-
surrechun. Ceo est a dire. qui en ceste uie re-
leue de mortel pechie. par uerraie repentance
⁊ p uerae confession ⁊ penance. en uie de grace

Il unt pt en la secunde resurrechun. ceo est a dire. si releuerunt al iugement. en cors ⁊ en alme
a uie de gloire. Et ceo est la beneurete quil aueront. kar il seront glorefiez en cors ⁊ en alme ⁊ loe-
ront deu sanz fin. ⁊ ceo est. ceo quil dit. que il seront prestres deu ⁊ ihesucrist ⁊ regneront oue lui
mil anz. Ceo est pdurablement.

Et quant li mil anz seront passe Satha
nas sera deslie. et istra de sa chartre. l'ixt
et traiera les genz a quatre parties del mun
de. Gog. z a Gog. z les assemblera en batail
le. dunt li numbres sera. si comme gravele
de mer. z munteront z se aperunt sure
la leise de la terre. z enuirunnerunt les
mesuns asseinz. z la cite que deus aime.
Et le feu du ciel. descendera z les devorera

La chartre dont li deable ist purtrait. glose
les genz signefie les quers des pecheors
ou il fu auant serrez quil ne por tant nutere
comme il uout z ceo signefient les .ij. nuns
des .ij. poeples. Gog z Magog. kar autant dit.
Gog. comme couert z Magog. come descouert
Par ces .ij. poeples quil trait premierement
sunt signefie tuit li deciple antecrist. p Gog.
sunt signefie cil qui nuisent priueement. si
come les hertres. que ore sunt. p magog sign

signefie li hertre qui lors precheront apertement z li tyrant qui ocirront ceus qui ne se uou
durunt reniaer. ceo quil espandrunt sure la terre signefie quil enuaera ses deciples p tout
preescher. ceo quil enuironeront les mansiuns asseinz z la cite que deus aime signefie que
il metrunt tout lur poer encuntre la foi. z le sacrement de seinte eglise si comme par preef
chement z miracles z par manaces z tormenz

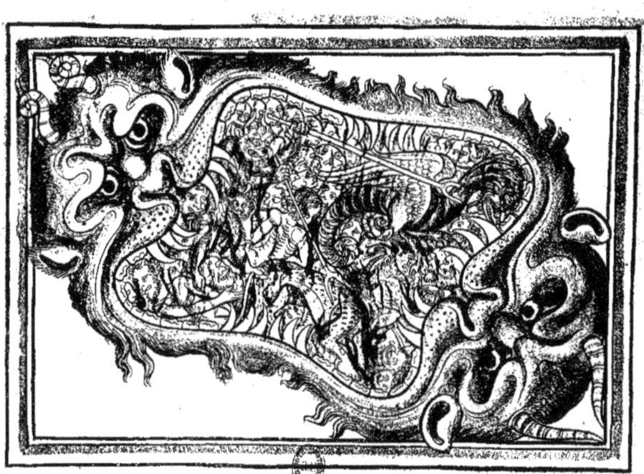

Et li deable qui les traïsse sera enuaez en le lac
estanc de feu 7 de souffre ou la beste 7 li faus
prophete seront tormentez Iurz 7 nuit sanz fin.

Ølent droite foi recuure Øles excommuniez sunt signefie ceus que sunt de si uains queurs quil ne osent nul bien en prier
dre. Par les mescreanz sunt signefie ceus qui ne creo
pecchiez aperz sunt seuere de deu 7 de seinte glise 7 ne se ueolent amender Øles homecides sunt signefie ceus q ceus qui sunt receu la foi 7 puis par lur trespas 7
lur prime ocient corporeument ou espirtuelment. Les fornicateurs signefie tuit cil qui unt charnele compaig
nie od femme hors de leal mariage ou en autre maniere pecchent p charnel delit en cuntre deu. Par ceus qui
enuenimeent sunt signefie ceus qui les autres corrumpent p male essample ou p fause doctrine 7 p mauuaise
cunseil en cuntre deu. Les ydolatres signefient ceus qui aeurent faus diex ou nule creature pur creatur ou
plus aiment terrien auer que deu. Les mençongers signefient touz ceus qui de bouche recognoessent
ihu crist 7 pecuurt le nient 7 tuit cil qui a escient p fausete deceiuent lur preome en cuntre uertue 7 droie
ture. Par le estanc ardant de feu 7 de suffre ou lur prie sera est signefie le prinz de anfer ardant 7 puient
ou tuit cil chaetifs dampnez seront tormentez sanz fin en cors 7 en alme Et ceo est la secunde mort. kar
de illec n'a bune nule raentum. kar li droiturel iuge ceo est ihu crist ne porra estre flechir ne le iugement
turne par don ne par priere

Et ge ui un grant throne blanc, z un qui seet lix sure de qui ueue la terre sen fuist z li ciel. z ne troueient lui ou eus puissent a rester. Et ge ui les morz granz z petiz estant deuant le throne z li liure sunt ouert. z un autre liure est ouert qui est de uie. Et sunt li morz iugez p ceo que sunt escritz es liueres selum lur course z la mer rendi ses morz qui en lui furent. z morz en enfer unt ren du lur morz que en eus furent. Et tuz sunt iugez selun lur courses z enfer z morz sunt enuae en le estanc du feu. Ceste est la secunde mort. Le estanc du feu z cil qui ne est troue ou liuere de uie escrit est enuoae en le estanc du feu.

Le grant throne blanc signefie seinte eglise. Glose. en qui ihu crist se repose al iugement. Ceo que la terre z li ciel fuient signefie la pour que auerunt li auer z li orguillus. Ceo que li liure sunt ouert signefie que tutes les consciences serunt apertes coment il auerunt les commandemenz deu garde. Ceo que li liure de uie est ouert signefie que ihu est aparta en la poessance de sa deite. Ceo que les morz sunt iugez solum ceo que est escrit es liures z solum lur courses signefie quil serunt iugez selun ceo que ihu suffri en sa humanite z selun leuuangile z selun le intenciun de lur courses. Ceo que la mer a rendu ses morz signefie que la gent du munde resteront p estre iugez. si come cil qui unt lur conuersation en ces temproeus choses. Ceo que mort e enfer unt ren du loi morz z quil serunt enuoez en lestanc du feu signefie que ij manieres de genz serunt dampnez en corz z en alme. Sortement cil qui morent en mescreantise z ceus qui morent en pechie mortel. Ceo que cil ki nest troue eu liure de uie escrit est enuee en lestanc du feu signefie que tuit sunt dampnez au iugemr ki ne sunt garantiz p la passiun ihuchst.

Et ge vi le ciel nouel · z le premier ciu · z la premiere
terre sen partirent · z la mer ne est mie ia. Txtv ·
Et ge Iohan vi la seinte cite ierusalem nouele descen
dant du ciel de deu atiffee comme espouse aornee de
son barun. Et ge oi une grant voiz du throne qui
dist · veez. Ceo est le tabernacle deu oueske hommes
z il habitera ouesque eus · z si sera lur deu · z il seront
sun poeple z il deu sera ouesque eus lur deu · z il ter
dra totes lermes de lur oilz · z mes ne sera mort · ne plo
urs · z ie crt. He doltres · kar tuz sunt passez · z me dit
cil qui seet eu throne · Ieo ai fer tote rien nouele · Et
me dit escriuez · kar ce sunt tresteaus paroles z tres
ueraes · z me dit fet est · Ieo sui commencemenz z fin · Ie
donrai a celui q auera seif · de la funteine de eue uiue
z p grace q ueintra · Il auera moi · come sa chose · z ieo
li serai comme deus · z il sera mun fiulz. Mes a poi
reus · z a mescreanz · z a excommuniez · z as homecides
z as fornicators · z as ces q enueniment · z as ydolatres
z as tuz les mencongers · lur partie sera en le estanc
ardant de feu · z de suffre · q est la secunde mort.

Trauail de satisfacciun · Ceo qu il dit escriuez · signefie que nre
vais biens de la sus · Ceo qu il dit qu il est commencemenz z fin · signefie que les biens que nus auons · sunt de lui · les
biens que nus fesum · deuom fere p lui · Ie eue uiue qu il premest a ces qui aueront seif · signefie la gloire qui plest
a ceus qui la beiuent a ces commandemenz · z deseruir lur salu. Ceo qu il dit p grace · signefie q si come p sa grace nus
est donne derrein en li abiou · z de bien uiure en bones euures · tut auisi p sa grace siumes saintz · z nos delivre de
encuant pecchez e diable ueintre · z le munde · z la char · z ceo est ceo qu il dit qu il ueintra · z nos sera rendue de mort
vie · z glorefiera en cors · z en alme · z nos sera uoar certeinement · ceo que nos ore creiumme mie solement uerrum
ainz le auerom de sa grace deu z home en la gloire son pere · z ceo est ceo qu il dit il auera come sa chose · z li come fiu
fiulz z deu p nafe nos d li fer estre · Ieo fiulz deu p adopciun · z p grace en gloire. Et ce est ceo qu il dit il li sera seiz

Le renouelement du ciel z de la terre · signefie glose
la grantu ioie que li angele auerout · z les seintes
almes en la resurreccion · z glorefiement te cors. Ceo q le
mer ne est mie la · signefie que les cors ne serrount mie
tbulaciuns du munde la seinte ierlm cite signefie s
eglise · le descendre du ciel · signefie que ele entend que
touz ces biens sunt de deu · z il uiennent de la sus. Sor
atiffement · signefie la semblance que ele auera o sun
espous ihu crist · en glorefiement de la char · la uoiz du
throne que seint iohan oi · signefie le entendement
q deu done au bon prelat · de ses secrez · Le tabnacle deu
signefie la char ihucrist en que il sera oueke les seons
z nemie soulement en humanite · einz sera autresi en
sa terre · z ceo est ce q il dist qu il seta oueque eus · lur deu
Ceo qu il dit qu il terdra totes lermes de lur oilz · Sign
fie qu il lur rendra haut guerredon · p les tbulacions
qu il suffret pur lui · Ceo qu il dist que mort ne seta mes
signefie la seurte qu il auerout · kar il uut a toutdis z
eschape pecche z peinne · Ceo est adire · mes ne auerom
plur ne contriciun ne crt · de confessiun ne dolur · Ieo
nre sire nus amoneste p ses messages · z p escripture aitue

Il vint un des set angeles qui aueit les fioles pleines
des set plaies darrienes. 7 me dist venez. ge uos demou-
strarre la espouse la femme al agniel. Et me mena
en espirite en un grant munt 7 haut 7 moustra la seinte
cite ierusalem. descendant du ciel 7 aueir la clarte deu
7 sa lumiere resemblet pierre preciose si come iaspe 7
si come cristal. Et aueir grant mur 7 haut qui aueir
xij. portes 7 a portes xij. angeles. Les nuns des xij. lig-
nees des fiutz israel i sunt escrit. Divers orient trois
portes 7 deuers occident trois portes 7 deuers byse. trois
portes 7 deuers plungel. trois portes. Et li mur de la
cite auiunt xij. fundemenz 7 en eus xij. nuns deapos-
teles 7 del agniel 7 cil qui parlot a mei. aueir une uer-
ge de Rosel doree pur mesurer la cite. 7 les portes. 7 le
mur. 7 la cite. fu assise quarree 7 la longur de la cite
fu autant come la leur. 7 il mesura la cite de un Ro-
sel dunt il duze mile stadies enuiron. Et la longur 7 la
leur 7 la hautesce sunt egaus 7 mesura ses murs. de
cent 7 quarante. coutes p mesure de home 7 de angele

Ceo que le angele mena S. Johan en un grant 7 mu-
nt 7 haut pur ueer le espuse al angnel. signe-
fie que cil qui par la grace de deu sunt mene en hautes-
ce de uie poent auoer conessance de sa gloire que seinte
glise atent. La lumiere que resemble pierre preciose co-
me iaspe 7 cristal. signefie la uertu de seinteglise 7 fer-
me en ferdur de foi 7 en nette de baptesme. en clarte
de eoure de confessiun. Li grant mur haut. signefie
ihu crist qui tout garanist. Les xij. portes. signefient
les xij. apostles. Les xij. nuns escrit. signefient les an-
ciennes peres de la uieulz lei. Patriarches 7 prophe-
tes qui profetizerent auant ceo que li apostles prec-
cherent. les trois portes en orient. signefient la foi en
la trinite que fu nuncie au gius dont ihu nasqui
selum la char. Les trois portes uers byse. signefie que
ele fu preechee au paens. Les trois portes uers plungel
signefie que ele fu preechee a ceus qui la receiurent pus
lincarnation ihucrist nre seignur. P les trois portes uers

occident sunt signefie cil qui en la fin dou munde la re-
ceterunt p le preeschement Enoch 7 Helye. De rechef li mur de la cite signefient la foi. ihucrist li duze fundement
qui aueit en eus le duze nuns des apostles 7 del agniel. signefient les duze patriarches qui tindrent meimes la
foi. de ihucrist qui a un tens fu aueint. keles xij. apostles tindrent apres sa uenue. Et que nus tenum le rosel
doree signefie seinte scripture en qui le sauoer deu est que est signefie p or. le mesurer de la cite signefie que nostre
sire donne la foi en seinteglise selum ceo que chascun la poest porter 7 ordeinne diuers degres en seinteglise en quel
len se doit saluer si come pucelage 7 continence 7 voeuete 7 droite esposaille. les quatre costes de la cite que sunt e-
gales. signefient. uerae foi 7 ferme esperance. feruente charite 7 bone eoure. kar tant cum len creit. tant espeire
len 7 tant comme len espeire. tant aime len 7 tant comme len aime. tant mest len en eoure. Ceo est que la laur.
7 la hautesce 7 la longur sunt egaus. Kar par longur est signefie. pseuerance en ces quatre. Ceo que le angele
mesura les murs. cent 7 quarante coutes. signefie pfectiun. de bones eoures. selum les dis commandemenz deu.

Et il me moustra un fleue de eue uiue cler luce
comme cristal que issi du siege deu ✝ del agni
es en mi la rue de la eue ✝ de amedous les parz du
flueue est larbre de uie que porte xij fruiz ✝ chas
cun mois renr sunt fruit ✝ les foilles del arbre
sunt a sante des genz ✝ mes ne sera nule ma
leicun ✝ le siege deu ✝ le agniel sera en li ✝ ses sergāz
li seruiront ✝ il uarront sa face ✝ sun nun sera
en lur frunt ✝ nuit ne isera mes ✝ il ne auront
mestier de lumiere de lanterne ne de lumiere de
soleil kar li sire deu les en luminera ✝ il regnerōt
sanz fin.

Par le flueue de eue uiue est signefie la joie
que ia ne faudra par le siege deu sainz glose
signefie li haut seint p qui li autre uienent a see
✝ a gloire ✝ ceo est que le flueue uient del see deu ✝
del agniel par le eue que est clere come crestal est
signefie la gloire pur ceo que par le eue de baptesme
la conquert hom les dous parz du flueue signefi
ent les genz deuant le baptesme ✝ les genz apres
qui uiennent a gloire de amedous parz sul e arbre
de uie kar des uns ✝ des autres sunt sauuez p la foi de
la croiz que est preesche par les duze apostles Ceo
que ele rent chascun mois sun fruit signefie que

par les patriarches ✝ les apostles furent en chascun tens plusurs conuriz a la foi Les foilles del arbre signe
fient les commandemenz ihu crist en leuuangile que ualent a salut de genz le il sunt gardez Ceo que mes ne
sera nule maleicun signefie que mes ni auera peche Ceo que le see deu ✝ le agniel sera en larbre signefie que
tuz sumes sauue p la passiun ihu crist en la croiz ✝ la gloire deu ciel nus est rendue ✝ sumes ses serfs ✝ le se
uiront o les angeles sanz fin Ceo quil dit quil uerront sa face ✝ sun nun sera escrit en lur frunt signefie ceo
que est escrit en leuuangile ceo est uie pardurable keil te cognoistent sul deu uerai ✝ ihu crist que uos enuoiast
ceo Et aillurs en leuuangile dit ihu crist Qui se auoe p moi deuant les homes Jeo le auoerai deuant min
pere eu ciel ceo est ceo quil dit ici que sun nun sera escrit en lur frunt Ceo quil dit quil nauront mestier de
lumiere de la lanterne ne du soleil il est auant espunt.

Et me dist ces paroles sunt tresleaus e tres ue-
raies. Et li sire deu des espiriz as prophetes
enuea sun angele demoutrer a ses serfs les cho-
ses que tut couienent estre fetes. Et esteuos. Jeo
uinc aiguelement. Boneurez est cil qui garde les
paroles de la prophecie de ceu liure. Et ge Johan
qui oi e ui ceo. Puis que ge le auoie oi e ueu chei
pur aorer deuant les piez al angele que ceo me
mustra. Et il me dit uiez que ne le facez. kar ge
sui le serf deu ausi comme uos e de tes freres prophe-
tes e de ceus qui gardent les paroles de ce liure.
deu aorez. La signefiance de tut cest poet entendre
par ceo que est auant dit e par ceo nel uoit ore
rehercer ke a annui ne uinast. Glose.

Et me dist li angeles. Ne enseelez mie les paro-
les de ceste prophetie kar li tens est pres. cil
qui nuist nuise uncore. Et est uiste seit iustefi-
ez uncore. Et qui est ordure z soille uncore. Et li
teinz seit senctefiez uncore.

grace. Et ceo est ceo que il dit. receue le eure uiue
de pure grace. Le maleicon s. Johan a ceu q mernise sa pheterie.
Jeo ai fini les prophetes de cest liuere e tesmoina
tuz qui le orront. Se uus i met riens. Deus mete
sur lui les plaes escrites en cest liure. Et se nuls i
amenuise des paroles de ceste prophetie deu toille sa
ptie del liure de uie e de la seinte cite e des biens q sunt
escr en cest liure. Ceo dit cil qui porte tesmoing de ces
choses. Jeo uieng tost oil. venez sire jhu. Amen. La gra-
ce nostre seignur jhu crist. seit o nos tuz. Amen. L'xxx.

Ci sunt escommeniez li felun glus pullant ki rompla
iueraie lestre de s. escripture e li heretes mescreanz q la
tort rumpent p faus entendrement e li faus dettur q un
ne s escepte q est de espirite a pleiderie por temporeus
choses gaanier e li faus precheor q preschent p ueine
gloire e por trienes richeces. Ceo qi dit ge uieng glose
tost e ne dit mie que signefie ceo quil dist en leuangi-
le. De ceu iur ne de cele hure nuls hom ne set. Ne li
angele du ciel. fors sul le pere e por ceo nus amoneste

e dist uiez. Pueraie creance e ueillez. Ploures coutes e orez a deu p deuotiun. kar uo ne sauez qnt il uendra e por ceo
mestier est estre tuz iurz aprestez e ainsi uiuere come len ose de ici ptir. Ge au iugement uenir. Ceo qu'il dist
venez sire jhu signefie le grant desir que s. iglise a de estre glorefie par la uenue jhuist au iugerint. Ceo qi dit
la grace nostre seignur jhu crist soit o nos tuz. signefie la uie de grace que nre seignur a donne a seinte egli-
se pla mort jhuist e pla resurrectiun desque ele uienge a uie de gloire. jhesu crist. le siutz seinte eganie qui
est un deu tut poissant. o le pere e seint esperit. Nos alume le quers de ueraie creance e esteue p ferme e
perante e esprenge de ueraie charite e nos doint issi en lui uiuere e morir que nos puisse
oue lui en sa gloire encore e en altue regner sanz fin. Amen.

Esteuos ge uieng tost ⁊ mun luer oue moi hai por rendre a chascun selum ses oeures. Je sui li premiers ⁊ li darrains. Commencement ⁊ fin Cil honeurez qui lauent lur estoles ou sanc del agnel. ke lur poer soit en arbre de uie ⁊ quil entrent p les portes en la cite Mes dehors seront li chaitif chien ⁊ cil qui enpoesunnent les autres ⁊ li ord ⁊ li homecide ⁊ cil qui seruent as ydoles ⁊ chascun qui aime ⁊ fet mensoge.

Ceo que langele desfendi en seeler le liure Glose signefie que len ne doit pas lesser a preescher uerite pur le enpirement des mauueis ⁊ si les bons en sunt damagez temporeument p ceo que le mauueis sunt esmeuz. Il lur torne a preu de esperit cil lauent lur estoles ou sanc al agniel: qui funt penance en la foi ihucrist lur poeste est ou fruit del arbre de uie: ⁊ il mestent lur france ne mie en lor penance ne en lur eoures. Mes en la passiun ihu

crist. Cil entrerent en la cite par les portes · qui par la doctrine as apostles ⁊ par les sacremenz de seinte glise passent de cest siecle de droite creance ⁊ ueraie repentance Mes ance. Mes forsclos sunt de la gloire de seinte glise ceus qui trespassent de cest siecle en mescreantise ou en male eoure ⁊ ceo est ceo quil dit hors seront li chaitif chien ⁊ cil qui enpoesunnent les autres. Et ceo que suit apres: Ke auant est espurit fors tant comme Il dit ici plus. Chascun qui aime mensonges a oir ⁊ fet mensonge p controueure en dist ou en eoure

Ieo ihu ai enuee mun angele por resmonier ces choses as eglises. Jeo sui racine ⁊ del lignage dauid estei le clere matinale ⁊ luisante ou li espous ⁊ li espiriz ⁊ le espouse: dient. Venez. ⁊ qui ot die venez. Et q a serf. vienge ki uoudra receuure le eue de uie de pure grace Glose.

Ceo que ihesus a enuee sun angele pur resmonier ces choses as eglises. signefie que nostre sire a enuee seinte seinte scripture por resmonier a sun people ses segrez ceo que il dist. Ke il est racine signetie quil sustient totes choses qar a sa destre. Cil est del lignage dauid. quant a la char. Esteile clere qui enlumine le munde p sa doctrine ⁊ iurnale kar p sa resurrectiun que fu fete au matin: nuncia il la uie ⁊ luisante kar il dona bone essample a tut le munde. ceo que li espiriz ⁊ le espouse dient uenez: signefie que la trinite ⁊ seinte glise nos semunnent a entendre ceste escripture ⁊ mettre la en eoure Et que cil la entent entendent semunnent les autres. Ceo quil dist cil qui a serf vienge signefie que cil qui desire la gloire du ciel par ueraie foi la doit mettre en eoure ⁊ ne se a fie pas en ces meritez. apres en Si un tiel signe ca outre apsinir tut ensemble.

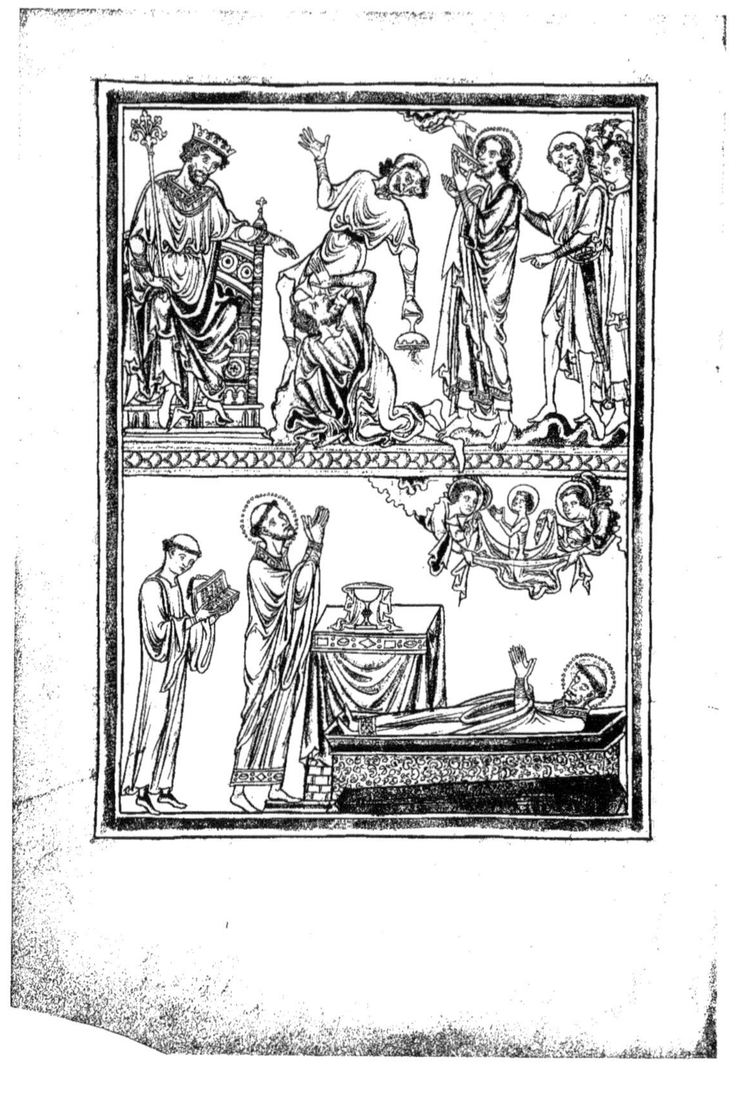

ce les quatre euuangiles. p̄unt homme uient a pfechiun de angele ⁊ ceo est ceo que il dit p mesure de homme ⁊ mesure de angele. Text.

Et li mur sunt de pierre Jaspe. Et la cite meimes est or net. semblable a uoarre net. Et fundement des mur te la cite sunt aornez de tutes pierre precieuses. Li premier fundement est Jaspe. Li secund. Safir Li tierz cal cedone Li quart. Emeraude. Li quint. sardonicle. Li sisieme. Sardine Li septieme. crisolite. Le viiieme. Berille. Le nouieme. topazion. Le disieme crisopasse Le unzieme Jacinte. Le duzieme. Amatiste. Glose.

Ceo que li mur sunt de jaspe ⁊ la cite est de or signefie que ces qui deiuent autres gouerner en seinte glise deiuent estre de plus ferme foi ⁊ de plus haute uie. Si comme la pierre preciose uaut mieutz que le or. Ceo que le fundement des murs de la cite furent aornez de tutes pierres precieuses signefie que li patriarche ⁊ li prophete furet plein de tutes bones uirtuz. La jaspe qui uerde signefie fermete de foi si comme auoit Abraham. Saphir que a le colur del aer signefie ceus que sunt de haute esperance si comme seint pol qui diseit Nostre conuersatiun est eu ciel. Calcedone que a la colur pale signefie ceus qui sot en uerae foi. Sardonicle que est de treis colurs. neire aual ⁊ en mi clere ⁊ au su mer uermaille signefie ceus qui sunt humbles ⁊ de nete conscience ⁊ de grāt charite. Crisolite que a colur de or ⁊ es

tancele. signefie les sages du saueir deu. ⁊ p feruor de charite preeschent as autres. ⁊ les amonestent a bien. Berille qui luist comme eue ou soleil fiert. signefie ceus qui bien oeuerent ⁊ p bone essaumple amonestent les autres a bie Topace qui a colur de or ⁊ de cler aer. qui en occursist p fortet signefie les sages religieus qui mestent lur quer as biens de la sus ⁊ enpirent p acoster au munde. Crisopasse que est uert meslee de colur de or ⁊ est trouee en ynde ou ele nest. signefie ceus qui sunt en uerae foi ⁊ charite ⁊ suiuent les traces ihuist qui uint deorient. Jacinte qui se chage ou ele aer. kar en cler tens est clere. ⁊ en tens ennuble est oscure. signefie les sages maistres en seinte glise ki se seuent conformer a duise gent. Amatiste que est purprine ⁊ est meslee de colur uiolete ⁊ de rosine ⁊ gete une flambe de fer signefie ceus qui uint memoire du regne du ciel ⁊ desirrent la cumpaignie des angeles ⁊ des confessors ⁊ des martirs ⁊ ceo est la colur purprine meslee de colur uiolete ⁊ rosine ⁊ estendent lur charite a lur ennemis ⁊ prient p eus.

Et les duze portes sunt xij. margarites Chascune porte de une margarite ⁊ les rues de la cite sunt de or net cler comme uoarre. Et ge ni ui nul teple en la cite. kar li sire deu tout poessat est sun temple ⁊ li agniel ⁊ la cite ne a mishier de soleil. ne de lune kar la clarte deu la enlumine ⁊ li agniel sa lanterne. Et les genz iront en sa lumiere ⁊ les rois de terre aporteront

en li lur gloire ⁊ lur honur · Les portes
ne serunt pas closes p nuit · kar il n'i a
uera point de nuit · Ne nule orde chose
ni entarra que face abbominaciun ·
ne mençonge ne nul se cil nun qui sunt
escrit en liuere de uie del agnel Glose
ceo que les .xii. portes sunt de duze
margarites · Signefie que cil par
qui les autres deiuent entrer en seinte
glise deiuent estre clerc de uiuz · Les ru
es de la cite signefient les basses gent
de seinte glise qui sunt en la laese de
ceu munde · it unt lur femmes ⁊ lur
richeces · cil deiuent estre ner comme
de or ⁊ par coueres de charite qu'il deiuent
fere · p nete ententiun ⁊ deiuent estre
cler comme uoarre par innocence de
baptesme ou p couere de confessiun
en droite foi · Ceo qu'il ne uit nul temple
en la cite signefie que seinte eglise n'auera
mestier de oreisun ne de sacrefice quant
ele sera glorefiee · Ne n'auera mestier de
soleil ne de lune · ceo est adire ele ne ane
ra mestier de preeschur ne de pielat p
lur enseigner ne gouerner · Ceo que les
gentz iront en sa lumiere ⁊ li roi li apo
teront lur gloire · signefie que uers la
fin du munde creistra la religiun ⁊ gue
rpiront terrienne gloire p esperance de
cele gloire pburable · Ceo que les portes
ne seront pas closes de nuit · signefie q
tribulaciun ne destoubera pas l'enseig
nement nostre seignur illec comme
ele fist ci en ceste uie · Ceo que nule cho
se orde ni entarra · Ne nul se cil nun q
sunt escrit en liure de uie del agnel
signefie que nul ni entarra se il ne soit

nezrae p le sanc jhu crist ⁊ par les sacremenz
de seinte glise ⁊ qui ne ait conferme sa uie
en jhu crist en terre · qui fu p nos escrne
en la croiz ·

APPENDICE

SUJETS DES DOUZE PLANCHES DE L'APPENDICE

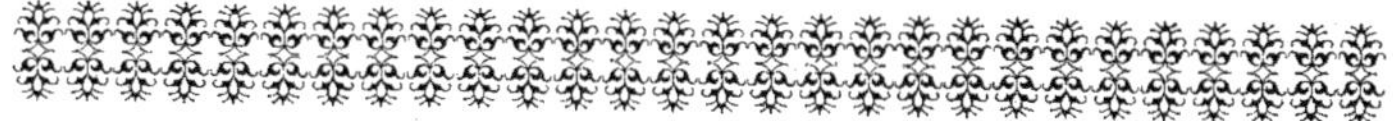

I. Notes inscrites sur les feuilles de garde du ms. fr. 403.

II et III. Deux pages du ms. de M. le vicomte Blin de Bourdon, pouvant tenir lieu du feuillet disparu du ms. fr. 403. Voir le Mémoire sur les Figures de l'Apocalypse, p. lxviii. Sur ces deux pages (fol. 27 recto et verso du ms.) sont les quatre tableaux relatifs aux deux témoins, Énoch et Élie, et à l'Antéchrist (n⁰ˢ 33-36 de la Liste générale des sujets représentés).

IV. Fol. 42 v° du ms. 482 de Cambrai : Le massacre d'Énoch et d'Élie (n° 33 de la Liste générale des sujets).

V. Panneau 34 de la Tapisserie d'Angers (n° 33 de la Liste générale des sujets).

VI. Seconde planche de la feuille H de l'édition xylographique de l'Apocalypse, sur laquelle sont deux des tableaux relatifs à Énoch et Élie et à l'Antéchrist (n⁰ˢ 33 et 34 de la Liste générale des sujets).

VII-XII. Tableaux empruntés au ms. B. de M. H. Yates Thompson, savoir :

VII, 1. Fol. 16 du ms. Explication symbolique du premier verset du chapitre viii de l'Apocalypse : *Et cum aperuisset sigillum septimum, factum est silentium in cælo quasi media hora*. Le sujet du tableau est expliqué par le commentaire qui se lit au fol. 15 v° du ms. de M. le vicomte Blin de Bourdon : « Chou est le viiiᵉ principal du viiᵉ cap., qui n'est autre cose fors que le revelation de l'estat a venir, qui iert après la mort d'Antchrist, quant on donra paix a l'Eglise, qui ne durra mie granment. Et c'est ouvreture du septime seel que li agniel ouvri, el quel ouvreture silence, ce dit, fu faite el ciel entour demi heure, c'est-à-dire qu'après le mort d'Antcrist el ciel (c'est Eglise) sera tenue silence de paix pour oïr le parolle de Dieu a l'encontre le seconde venue de Jhesu Crist. » Conf. la glose du ms. fr. 403, fol. 11 v°, et p. 37 de la présente édition.

VII, 2. Fol. 17. Explication symbolique du verset 5 du chapitre viii : *Et accepit angelus thuribulum, et implevit illud de igne altaris et misit in terram*. Pour le commentateur qui a inspiré le peintre, c'est une allusion à la descente du Saint Esprit sur les apôtres, dont le cœur fut embrasé de l'amour divin.

VIII, 1. Fol. 19 v°. Explication symbolique du premier verset du chapitre ix : *Et quintus angelus tuba cecinit...* Ce cinquième ange est « li quint ordre des prescheurs qui prescha pour consoler saint Eglise » (Ms. de M. le vicomte Blin de Bourdon, fol. 20).

VIII, 2. Fol. 20 v°. Explication de la suite de ce même verset : *Et vidi stellam de cælo cecidisse*. « Et cest estoille, c'est Lucifer, ouvri le puis de l'abisme... » (Ms. de M. Blin de Bourdon, fol. 20. Conf. la glose du ms. fr. 403, fol. 14, p. 42 de l'édition.)

IX, 1. Fol. 23. L'apparition de l'Ange fort à saint Jean et les autres détails contenus dans le chapitre x. Voir le Mémoire sur les Figures de l'Apocalypse, p. xxxiv, description du tableau 3o.

IX, 2. Fol. 23 v°. Scènes de la vie du Christ dont l'Ange fort de l'Apocalypse est considéré comme la figure : l'entrevue des Mages et d'Hérode, le massacre des Innocents et la fuite en Égypte. Le texte joint à ce tableau est reproduit dans le Mémoire sur les Figures de l'Apocalypse, p. civ.

X, 1. Fol. 26. Le massacre d'Énoch et d'Élie. Mémoire sur les Figures de l'Apocalypse, p. xxvi et xxvii, description du tableau 33.

X, 2. Fol. 27. Abandon des cadavres d'Énoch et d'Élie ; leur ascension au ciel. Mémoire sur les Figures de l'Apocalypse, p. xxvi-xxviii, tableau 36.

XI, 1. Fol. 28 v°. Explication symbolique des derniers versets du chapitre xi de l'Apocalypse : les saintes prédications qui précéderont la fin du monde figurées par le septième ange qui embouche la trompette.

XI, 2. Fol. 29 v°. Explication symbolique des premiers versets du chapitre xii : la sainte Vierge tenant l'enfant Jésus dans ses bras, et figurant la mère de l'Église : l'adoration des mages, et, suivant les expressions du commentaire contenu dans le ms. de M. le vicomte Blin de Bourdon (fol. 32), « l'assault que li diable fist et fait et fera encontre saint' Eglise ». En dehors du cadre, l'apparition de l'ange aux mages, avec les mots : *ad Herodem nolite*, inscrits sur une banderole.

XII. Fol. 62 v°. Explication symbolique du verset relatif au bonheur de ceux qui ont été appelés aux noces de l'Agneau (xix, 9). Le peintre a représenté les deux premières catégories d'élus, ceux qui ont vécu avant le déluge et ceux qui ont vécu depuis le déluge jusqu'à la promulgation de la Loi. L'ange qui les appelle d'une voix semblable au bruit d'un torrent tient une banderole portant ces mots : *Nu[l]lamque aliam legem habuerunt*.

des histoires et lumx en fantome pa...
... ce chemine

Apocalipō.

Seneca {
Semp sic age alienū vot nō obluptaris tuū
linguas ... amyos vulgi malos testes ...
}

... ...
... ...
... ...
... ...
... ...
... ...
... ...

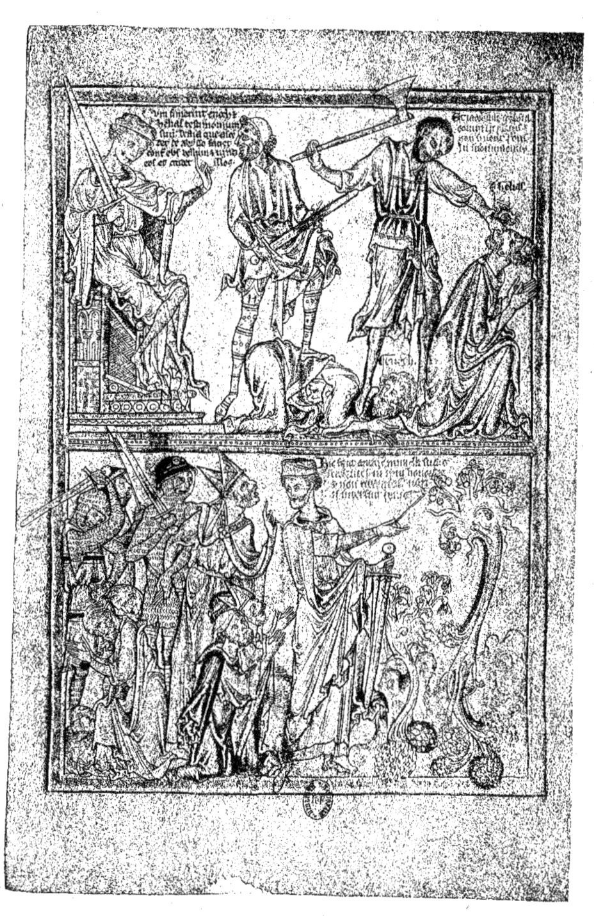

Cum finierint testimonium suum. Hic tractat de morte istorum testium et de potestate sua bestia et antichristi de quo infra xvii. quae ascendit ad apicem regni de abysso de ultimate... et generis... scilicet exercatus scilicet Dedan et depresso quia de fornicatione nascente et de abysso scilicet de profundo et obscura tenebrositate maliciae quae erit plenitudinis in sui principio videatur bonus antichristus scilicet subleuetur per potentiam et... quia... absconsus. faciet adversus eos bellum scilicet multis disputationibus et miraculis et... et vincet eos et occidet corpora scilicet in plateis. et in diversis plateis terrarum occidentur ut... occisi portabuntur de una platea ad aliam ut videant posteri et timeant eius. et corpora eorum iacebunt in plateis civitatis magnae terrarum unde dicit magne quia spiritualiter magna est civitas. et... scilicet et civitas... nominis omnis contempna in medio eius ut magne dicit spiritualiter sequitur ante principibus... olim... ...quae vocatur spiritualiter Sodoma et nuncupata a laude dei ysa i. audite verbum domini principes Sodomorum... illa maior effecta est iniquitas filiae populi mei peccato Sodomorum quae in momento conversa est et egyptus. quia tenebrosa sunt cognitione dei et crudeles quia fuit in tenebras exteriores ubi erit fletus et stridor dentium. ubi et deus eorum scilicet... ipsi aliquando... crucifixus est corporaliter et spiritualiter in infidelibus suis. secundo quod ipse petro dicit... crucifigi scilicet infra... et cap xxv. quod vidit erit... timui... secundum michi fecistis et ait q quod me persecuti sunt. Et videbunt multi gentium de coatis quidem fama. de tribu... populis et linguis. exponit sicut prius corpora eorum iacere super terram ut terreantur per tres dies et dimidium. sed audentior erit eorum... rectio et non sinent corpora eorum poni in monumentis. magna tribulantias eorum sequitur in mortuos suos sed non permanebit

Et iracibus wrpa eoru in placeret uo buet poni in inomirahs
U n niderint enoch et belias testimoniu suu bestia que ascendit de abisso facer antea eos bellum er uiuat eos et occidit illos
Et tnc facit antixps miracula sua et credentes in ipsum honorat et no credetes verbis istiat penis

actum ē silencium in celo qi media hora. Per silencium pax que ab octauia-
no augusto xp̄o nascente per unuisum oibem fcā est designatur. Media aū

t accepit angelus thurribulum �: c. Per ignem: expositio terre iuidioii
spiritus scs designatur. Angelus tra; i. xp̄e thurribulum i. corza disti-
puloium. de igne altaris i. de spiritu sco compleint. qnto post ascensioem suam

Et quintus angelus tuba cecinit ⁊ data e illi clauis putei abyssi tertiu
Exponas quarte impositõe. Et quintus angelus tub' ce ⁊ c. Quintus angeluſ
defensores eccłie orthodoxe fidei designat. Tuba cecinerunt qñto p̃o defensi

uidi stellam de celo cecidisse in trãm ⁊ c. Hec stella ut supradcm e diabolum
significat qui se transfigurãt in angłm lucis vnde qñ bdam apparens dicit

Et vidi alium angelum fortem descendentem de celo amictum [...] nube et yris in capite eius. Et facies eius erat ut sol. Et pedes eius tanquam colup
na ignis et habebat in manu sua libellum apertum. Et posuit pedem suum dextrum

[E]t vidi alium angelum fortem descendentem de celo. etc.
Angelus enim xpc est qui est nuncius patrie voluntatis. Iube autem

Et cum finierint testimonium suum. bestia que ascendit de abysso
faciet aduersus illos bellum. et uincet illos ʒ occidet illos. et corpora
eor iacebunt in plateis ciuitatis magne que uocatur sp̄ualiter
sodoma et egyptus ubi dominus eor crucifixus est.

turbabunt de ipsis ʒ tribubz et linguis et gentibz corpora eor per tres dies
et dimidium et sinent corpora eor non sinunt poni in monumentis. Et
inhabitantes tram gaudebunt sup illos et iocundabuntur et munera mit

Expositio quarte visionis
...septimus angelus tuba cecinit. Per septimum angelum sicut diximus por-
catores sci qui in fine mundi nascituri sunt designantur. Tuba canent

Expositio quarte visionis
...draco stetit ante mulierem. etc. Possumus per mulierem in hoc loco etiam
...ram mariam intelligere. eo quod ipsa firmat esse quia eum xpm genuit

Gregorius.

Et audiui est uocem tue magne. etc. Scriptura libri huius septe demonstr̄
omnem electo? multitudinem in septem partes eē diuidentem. si eius intel-
ligentia subtilius perscrutetur. Iusti neq̄ qui ante diluuium fuerunt. ad primam
partem. illi qui p̄ diluuium usq̄ lex data est. ad secundam partem pertinent sicut sep-
iam demonstrauim̄. Nullam q̄ aliam legem habuerunt nisi naturalem. idest
dei et proximi dilectionem. Scit enim unusquisq̄ illum se debere timere. eē sup̄
omnia diligere a quo creatus est. et a quo ei uita et uite subsidia ministrantur. et nulli
se debere facere qd̄ non uult ab alio pati. Hanc legem nullus qui sane mentis est
ignorare pmittitur. Per tubas ḡ nuntias. electi qui ante diluuium usq̄ ad mod̄
tempus quo lex data est. designantur. Uocem emiserunt. quia per pdicatio-
nis sue doctrinam quoscunq̄ potuint a suis erroribus reuocarunt.

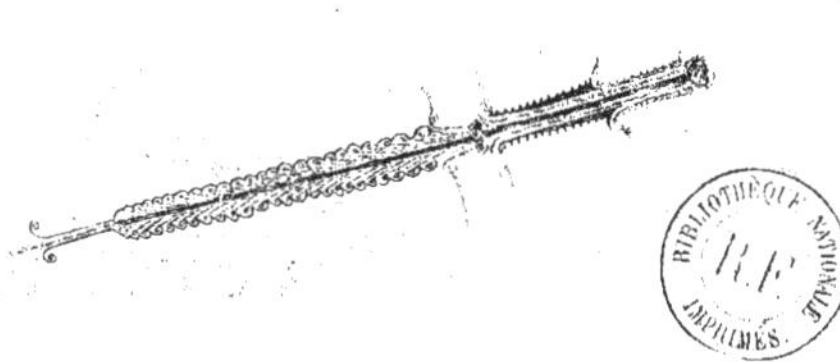